和華

A Japan-China culture magazine

日中文化交流誌

vol 42

目次

特集 華流に沼落ち。

①　②
③　④　⑤
⑥　⑦　⑧

表紙／①『玉骨遥（ぎょっこつよう）』©Tencent Technology(Beijing)Co., Ltd ②『無名』Copyright2023© Bona Film Group Company Limited All Rights Reserved ③『君、花海棠の紅にあらず』©2020 Huanyu Entertainment All Rights Reserved ④⑧写真／東陽歓娯文化有限公司 ⑤写真／横店影視城 ⑥『安楽伝』©2023 Youku Information Technology(Beijing)Co., Ltd. All Rights Reserved ⑦『30女の思うこと～上海女子物語～』©Linmon Pictures

横店影視城の明清宮苑。写真／横店影視城

予期せぬ沼落ち。

本誌で華流特集第1弾を制作したのが1年前の2023年7月。日本では華流ブームがじわじわ沸き起こっており、偶然地上波テレビや配信サイトで見つけた人から次々に沼落ちしていった。前々から気になっていた編集部では、満を持して華流の世界をとりあげることになった。ここで、言及しておくべきこととして、本誌で使用する「華流」の広義は、中国大陸、香港、台湾などの中国語文化圏発の映画やドラマ、アニメを括る。もちろん、今号もこの広義は踏襲している。

そして華流第2弾。1年も経たぬうちに、華流の景色は変わっていた。ジャンルは多様化、内容も創造性に富み、深みが増しており、観れば観るほど尽きない深みにハマって行った。案の定、編集部員たちは寝不足に陥った。だからこそ、今号では「なぜ華流に沼るのか」を深く掘り下げていかねばならないと制作は始まった。そこで、『和華』だからこそできる、世界最大規模の撮影基地・横店影視城や中国最先端のハイテク撮影地・青島東方影都を取材し、大ヒット作『瓔珞《エイラク》～紫

横店影視城の明清宮苑。ここは多くの宮廷ドラマのロケ地になっている。写真は『瓔珞〈エイラク〉～紫禁城に燃ゆる逆襲の王妃～』が実際に撮影された場所　写真／横店影視城

禁城に燃ゆる逆襲の王妃～』『尚食《しょうしょく》～美味なる恋は紫禁城で～』『君、花海棠の紅にあらず』などを制作した会社へのインタビューも実現。中国本土が、華流ドラマに伝統文化の継承を託していることもわかった。

もちろん、最近の潮流である新作のファンタジー系ドラマも巻頭で紹介した他、注目のドラマも多数紹介している。さらには、専門ライターやエディターの生の声、華流ファンクラブの方々や、華流ファンのアンケートも実施し、誌面全体をリアルな声で満載にした。

アンケートによると、華流に沼落ちした理由は大きく三つあった。「中国の歴史観や世界観」「役者の美しさと演技力」「ツッコミどころ満載な展開」。日本にはない驚きの要素が沼った理由のようだ。注目すべきは、華流を見終わった後の半数以上の方々が、中国語を習ったり、中国文化に興味を持つようになったり、中国人の友人や華流の推し仲間ができていたことだ。

華流との出会いは突然。心のドアを開けて飛びこんでくる。華流により、新たな世界が広がり、生活に潤いをもたらし、自分が変わっていくことに喜びを感じた。今号をきっかけに華流を通じた交流が増えていくことを期待している。

見逃せない最新作6選

ファンタジー時代劇が目白押しのこの春夏、見逃せない期待の最新作を『和華』視点でピックアップしてお届け！

U-NEXTにて独占先行配信中 DVD SET1~2、Blu-ray SET1~2 発売中 8月2日DVD SET3、Blu-ray SET3 発売 DVD 各17,600円（税込）Blu-ray 各19,800円（税込）レンタルDVDリリース中 発売・販売元：NBCユニバーサル・エンターテイメント 原題：玉骨遥 製作：2023年／中国／全43話 総監督：チャン・カーチュン 出演：シャオ・ジャン、レン・ミン

時代劇ロマンス

玉骨遥《ぎょっこつよう》

シャオ・ジャン新たな傑作！

STORY

空桑（くうそう）の世子（せいし）・時影（じえい）は、嘉蘭（からん）皇城を訪れた赤（せき）族の幼い郡主・朱顔（しゅがん）と出会うが、思いがけず秋水（しゅうすい）皇妃の怒りを買い、窮地に追い込まれる。母親の頼みで九嶷（きゅうぎ）山の大司命（だいしめい）・時鈺（じぎょく）が死を装い救うが「成人するまでに世子の死を悼む者と出会えばその者に殺される」と予言した。時影はやがて朱顔と出会うことになる……。

大ヒット作『陳情令』でブレイクしたシャオ・ジャンと、『孤城閉～仁宗、その愛と大義～』の若手女優レン・ミンが主演の最新時代劇ロマンス。幼い頃のたった一度の出会いによって、互いの命を奪い合う未来を宿命づけられた時影《じえい》と朱顔《しゅがん》の抗うことのできないドラマティックなストーリーは、配信ドラマ再生指数や熱度指数ランキングなど中国国内の各種ネットランキングで軒並み1位を獲得。

● 宿敵でもある師弟カップルの真実の愛！

朱顔は時影が幼い頃に会った世子だと気づかないまま、世子を復活させるため弟子入りを志願し、時影は朱顔が自分に死をもたらす相手と知りながらも弟子として認めてしまう。やがて師弟の絆は深い愛に。

● 神格化に引っ張られず、人間味を出す

脚本を読んだ時には完璧な人物に思えたという時影を演じるにあたり、ありがちなキャラクターにしないため現場で様々な話し合いをしたシャオ・ジャン。役柄を神格化しないよう意識したという。

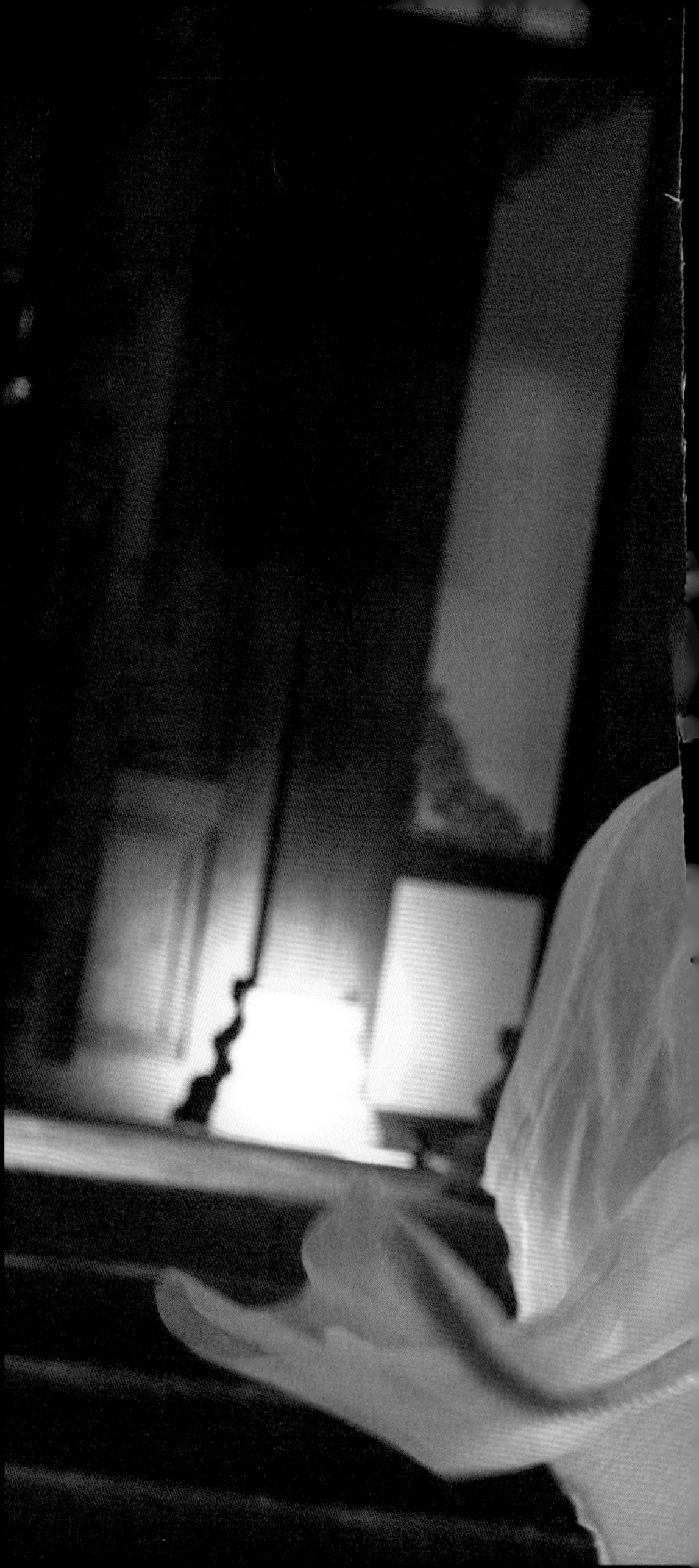

　シャオ・ジャンは壮絶な過去と世継ぎの身分を隠して奥深い谷で修練に励む美しく気品あふれる若き神官を演じる。これまでの快活なイメージとは異なる寡黙で繊細な役どころだが、決めたことを必ずやり遂げる時影の性格に共感したそう。また、豪華共演を飾るイケメン俳優陣にも注目。『万華楼《ばんかろう》～金糸が紡ぐ運命の恋～』や『長歌行《ちょうかこう》』など話題作への出演が相次ぐファン・イールンは朱顔を見守る二番手男子をスマートかつ精悍に演じている。さらに『ロマンスは結婚のあとで』のワン・ズーチー、『若様、それでも私をお気に召す』のイエ・ションジアなど実力派イケメンスターが勢揃いする。

　原作は、武侠小説に新風を吹き込み多くのベストセラーを生み出している滄月《ツァンユエ》による連作小説。禁断の愛の背景にある種族抗争の構図が次第に明かされていくと同時に、複雑に絡み合った人間ドラマもしっかりと描かれ、クライマックスに向けて加速していく展開から目が離せない。

帝君　北冕帝《ほくべん》
（ホー・シェンミン）

夫婦

皇后　白嫣《はくえん》
（ツォン・リー）

大司命《だいしめい》　時鉦《じぎょく》
（ハン・ドン）

♡？

海国軍元左権使《さけんし》　赤淵
（ファン・イールン）

息子

弟子

郡主　白雪鷺《はくせつろ》
（ワン・チューラン）

白族の郡守。世子妃の座を狙っており、第二皇子・時雨（じう）の母親である青妃に取り入ろうと画策。

葛藤の愛　♡

将軍　青罡《せいこう》
（ワン・ズーチー）

青族の将軍。青妃の命により九嶷山に弟子入りする。境遇の似ている白雪鷺に想いを寄せていく。

皇太子　時影《じえい》
（シャオ・ジャン）

空桑の世子だったが罠にはめられ、九嶷山の大司命の元に身を寄せている。成人して呪いが解けたら母親を迎えに行くと心に誓い孤独な修練を続けていたが、自分に死をもたらす宿命の相手、朱顔と再び出会う。

師弟

♡

郡主　朱顔《しゅがん》
（レン・ミン）

赤族の郡守。幼くして非業の死を遂げた世子を生き返らせたいと願い法術を学んでいる。好奇心が強く、九嶷山の聖域である帝王谷に迷い込み謎めいた神官と遭遇。彼が世子だとは気づかず弟子入りを志願する。

● 海外でも圧倒的人気のドラマに！

数々の国内ネットランキングで軒並み１位をさらった本作の人気は海外まで波及。アメリカではドラマランキング１位に輝いたのをはじめ、多くの国々で上位にランクインしているという。

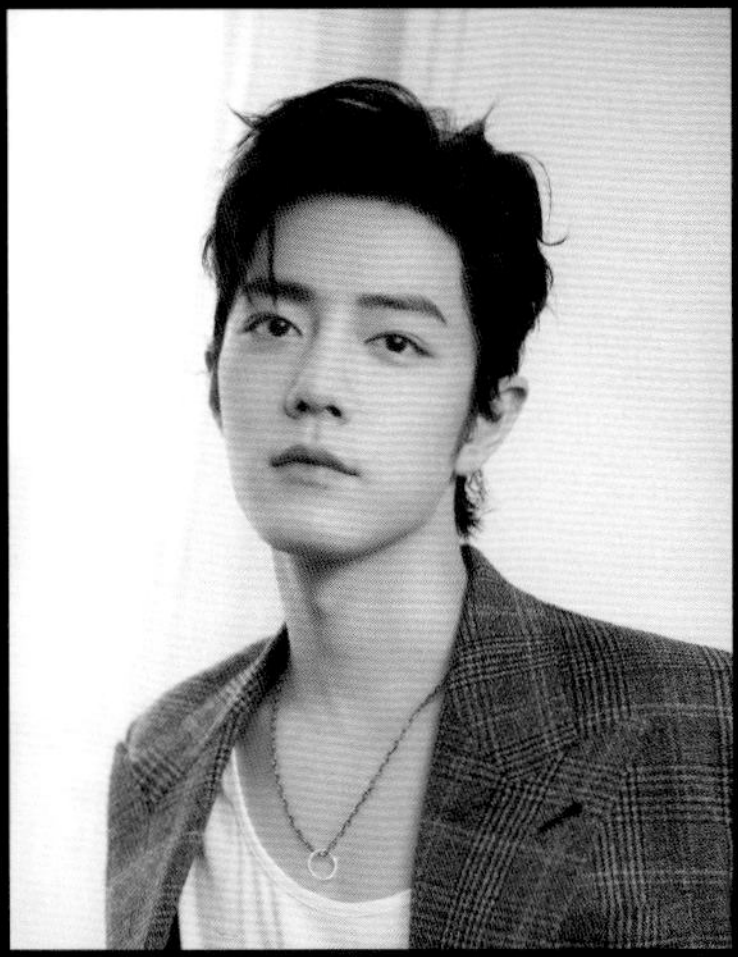

シャオ・ジャン、神官になる！

本作のキャラクター設定を理解したシャオ・ジャンが最初に思ったことは、時影を「決して乏しい表情で演じてはいけない」ということだったという。「このようなエレガントでクールな人物は多くの場合、表情が変わらず感情の表し方も小さくなりがちです。それでは視聴者を信じさせることができません」

時影は自分の命と母親の命を守るため、幼くして九嶷山に隠れ住まねばならず、彼に死を招く宿命の人物となるおそれがあることから女性と接触することも許されなかった。その結果、クールでエレガントな人物像が出来上がった。「脚本にクールと書いてあるんだからそうなんだで済ませるわけにはいかないのです」という言葉から、役への向き合い方、演技への真摯な姿勢がうかがい知れる。

● 目を奪われる映像美を実現

準備期間に2年半を費やしたという3万㎡の実景セットや本作のために制作された3000個に及ぶ小道具や衣装。ハイクオリティのVFXや実際にゴビ砂漠で大規模ロケを敢行した圧巻のスペクタクルなど映像美も堪能できる。

各社動画配信サービスにて配信中　DVD-BOX1～2発売中 各13,200円（税込）DVDレンタルvol.1～13リリース中　**発売・販売元**：エスピーオー **原題**：燕山派与百花門 **製作**：2020年／中国／全26話 **総演出**：リー・シャオジャン **出演**：ファン・イールン、リウ・リンズー

武侠ファンタジー

燕山に咲く月と刃

男性門派と女性門派の武侠ロマンス！

100年間交流がなかった男性だらけの門派「燕山派」と女性だらけの門派「百花門」。あるきっかけから両派が再び交わったことで、物語が動き始める……。主演は「燕山派」の若手エース・朝行暮《ちょうこうぼ》に『明月記～夢うつつの皇女』のファン・イールン、彼に一目惚れするヒロイン「百花門」の月清秋《げつせいしゅう》に『卿卿日常～宮廷を彩る幸せレシピ～』のリウ・リンズー。原作は中国でもファンの多い人気漫画。ユーモアと愛がたっぷりの武侠ロマンスだ。

STORY

燕山で顔無敵（がんぶてき）と荊飛花（けいひか）が対決、7日の死闘の末に山頂に男弟子だけの燕山派、山麓に女弟子だけの百花門が開かれてから100年。燕山派は長い山籠りを終えた二代目掌門・羽成仙（うせいせん）が退いて掌門が不在となる。これを腕試しの絶好の機会と考えた百花門の三代目掌門・花鏡湘（かきょうしょう）は燕山派に勝負を挑むよう一番弟子・月清秋（げつせいしゅう）に言いつけるが…。

登場人物

朝行暮《ちょうこうぼ》
（ファン・イールン）

冷静沈着で硬派な「燕山派」の若手エース。月清秋と出会うことで変わっていく。

月清秋《げつせいしゅう》
（リウ・リンズー）

「百花門」三代目掌門・花鏡湘の一番弟子。燕山派に勝負を挑むが朝行暮に一目惚れしてしまう。

● 若手俳優たちが彩る両派の恋模様

「燕山派」の末っ子で内気＆純粋な君末期（くんみき）と、武道に熱中する武闘派女子の離一心（りいつしん）の成長と変化など、それぞれの恋模様にも注目。

● フレッシュな武侠ロマンスの誕生

総演出は『花小厨～しあわせの料理帖～』、『探偵麗女～恋に落ちたシャーロック姫～』を手掛けたリー・シャオジャン。新しいアプローチの武侠ロマンスが誕生。

宦官に権力を奪われた若き皇帝と、皇帝を命懸けで守る女護衛官の歴史ラブストーリー。平凡を装っているが実は聡明で忍耐強い、若き皇帝・斉焱《せいえん》を演じるのは『沈香《じんこう》の夢』のチョン・イー。皇帝の護衛集団「紫衣局」のトップで正義感にあふれた程若魚《ていじゃくぎょ》にチャン・ユーシー。２人は共に斉焱に迫りくる周囲の陰謀と戦い、共に成長していく。それぞれが胸に思惑と願いを抱きながら、守りたいもののために戦う中で愛を手に入れる。

STORY

宦官が権力を握る時代、大興王朝。宦官勢力を排除しようとした計画が失敗に終わり、多くの官僚とその一族が弾圧を受けた。文宗皇帝の死後、大宦官の仇子梁（きゅう・しりょう）は傀儡王朝存続のため、文宗の弟・斉焱（せいえん）を自分の手によって皇帝に即位させる。そんな中、女護衛集団・紫衣局の程若魚（てい・じゃくぎょ）は皇帝の執剣人（命をかけて皇帝を守る護衛官）に命じられ宮中に入る。

BS12 トゥエルビにて放送開始 初回8月9日（金）夕方5時～ 予定
DVD-BOX ①～③発売中 ① 18,700円（税込）②③ 17,600円（税込）**発売元**：フォーカスピクチャーズ、ブロードウェイ **販売元**：フォーカスピクチャーズ **原題**：与君歌 **製作**：中国／全49話 **監督**：リウ・グオナン、ジャオ・リージュン **出演**：チョン・イー、チャン・ユーシー

ラブ史劇

与君歌《よくんか》
～乱世に舞う運命の姉妹～

制作期間８年間の渾身作！

登場人物

斉焱《せいえん》
（チョン・イー）

大興王朝の若き皇帝。仇子梁に擁立されて皇帝になるが実権を握られる。程若魚と共に成長する。

程若魚《ていじゃくぎょ》
（チャン・ユーシー）

先帝宰相・王揚の孫娘。幼い頃に記憶を失い、紫衣局で育てられ執剣人になる。斉焱を護衛する。

● 歴史的な背景を知るとより楽しめる

劇中で「朝露の変」として描かれるのは、宰相が宦官の専横を憎み、宦官勢力を一掃しようとしたが功を焦り失敗して殺された実際の争い「甘露の変」を元にしている。

● 完璧な制作陣が仕掛ける珠玉の作品

『麗王別姫～花散る永遠の愛～』のリウ・グオナン監督と、『琅琊榜（ろうやぼう）～麒麟の才子、風雲起こす～』などで知られる美術デザイナー、シャオ・チャンヨンがタッグを組んだ。

大人の現代ロマンス

消せない初恋

最強ビジュアルカップル誕生！

U-NEXTにて独占先行配信中 DVD-SET1～3発売中各17,600円（税込）レンタルDVDリリース中 **発売・販売元**：NBCユニバーサル・エンターテイメント **原題**：我的人間煙火 **製作**：2023年／中国／全40話 **監督**：リー・ムーゴー **出演**：ヤン・ヤン、ワン・チューラン、チャン・ビンビン、ヤン・チャオユエ

学生時代、家柄が不釣り合いという理由で恋を反対され離れ離れになった2人が「消防士」と「救命医」として運命的な出会いを果たす。『シンデレラはオンライン中！』のヤン・ヤンと『尚食《しょうしょく》～美味なる恋は紫禁城で～』でヒロインのライバルとして存在感を見せつけたワン・チューランの美男美女パーフェクトカップルが大人のロマンティック・ラブストーリーを見せる。救命現場の最前線で繰り広げられる男たちの熱いドラマも見逃せない。

STORY

幼い頃に母親に捨てられ父親を亡くしたソン・イエンは叔父一家に育てられ、今は消防救援署の隊長としてチームを率いている。そんな彼の前に、ある火災現場で高校時代の元恋人シュー・チンが10年ぶりに現れる。実業家の養父母の下で厳しく育てられた彼女はイエンとの恋を反対されて留学し、救命医となって故郷に戻っていた。やり直したいと願っていたチンと、突然の再会にとまどうイエンはその後も顔を合わせるようになり……。

登場人物

ソン・イエン
(ヤン・ヤン)

消防救援署隊長として精鋭チームを率いる。任務中に元恋人に再会するが最初は突き放してしまう。

元恋人

シュー・チン
(ワン・チューラン)

故郷で救命医として働く。10年間ずっとやり直したいと願っていた元恋人に再会し積極的にアタック。

CLOSE UP !

消防士姿のヤン・ヤン

今回消防士を演じるにあたり専門的指導を受け訓練にも参加したヤン・ヤンは、消防署での撮影中にも消防士たちがサイレンを聞くと出動して一晩中任務をこなす姿を目の当たりにして、大変な職業だと実感したという。

また決して完璧なキャラクターではないソン・イエンが、消防士という職業を通じて責任感が芽生え、良い自分に変わっていき、現在の自分がヒロインにふさわしい相手だと証明することになるのでは、とその人物像を分析した。

● リアルな救急医療のシーン！

消防士役のキャストたちは、実際に消防署に行って訓練や隊員生活を体験し撮影に臨んだ。消防署でのシーンや水に潜っての救援活動など、臨場感あふれるレスキューシーンは迫力満点！

各社動画配信サービスにて配信中 DVD-BOX1～2 発売中 各 13,200 円（税込）レンタル DVD リリース中 **発売・販売元**：エスピーオー **原題**：魚生知有你 **製作**：2020 年／中国／全 18 話 **演出**：チョウ・ハオジョウ **出演**：ジャン・ヤオ、タン・ミン、シャオ・カイジョン、マー・シュウジュン、ファン・シアオドン

現代ファンタジー

あなたがいれば
～人魚と私の100日～

愛に癒されるファンタジー・ロマンス！

婚約者に騙され傷ついた令嬢が遠い惑星から来た人魚と人生をリセットするファンタジーロマンス。自分を騙した婚約者に復讐するヒロインを演じるのは『将軍の花嫁』『花小厨～しあわせの料理帖』で日本でも人気の女優タン・ミン。ヒロインを支える人魚に『紅蓮伝～失われた秘宝と永遠の愛～』のジャン・ヤオ。その純真さとキュートさでヒロインを支えながら、心を癒し寄り添っていく。観ると前向きな気持ちになれること間違いなし！

STORY

アン・シンアルは大手映像会社・江南影視の令嬢。子供の頃に超能力を持つ人魚・ユー・ションに誤って傷つけられてしまい顔を含めて肌に魚の鱗ができてしまう。大人になった彼女はある日、婚約者であるリン・ジーとその不倫相手に陥れられ海に落ちてしまい、優しい人魚・ユー・ションに助けられたが、海に落ちた経緯に関する記憶を失ってしまった。ユー・ションはアン・シンアルの肌の病気を治し、彼女の復讐を手伝うことに……。

ユー・ション
（ジャン・ヤオ）

遠い惑星からきた人魚。深海で１人孤独に暮らしていたが、アン・シンアルと出会い支えるように。

アン・シンアル
（タン・ミン）

大手映像会社・江南影視の令嬢。自分を騙した婚約者に復讐する。

● 視聴者が癒される年下男子！

人魚であることを隠し人間界で働き始めるユー・ション。ヒロインを助けるために奮闘する、けなげな年下男子にとにかく癒される。やがて２人は恋に落ちる。

● ヒロインを支えるイケメンたち

『星から来た猫将軍』のシャオ・カイジョンが高校時代にヒロインに一目惚れし、再会後は違う形でヒロインを支えていくオレ様 CEO を演じている。タイプの違うイケメンたちからも目が離せない。

衛星劇場にて放送中 毎週（火）後9：00～他 **発売元**：フォーカスピクチャーズ **原題**：夢中的那片海 **製作**：2022年／中国／全38話 **監督**：フー・ニン **出演**：シャオ・ジャン、リー・チン、リウ・ルイリン、ツァオ・フェイラン、ジャオ・シン、ツイ・ハン

現代劇ドラマ

春を待ちわびて

~ The sea in the dream ~

理想を求める若者たちの人生ドラマ

STORY

1970年北京――。軍の居住地、「大院」で姉と2人暮らしをしているシャオ・チュンションは、仲間たちからの信頼があつい頼れる兄貴分。同じ大院育ちで親友のイエ・グオホワとは共に入隊を夢見る親友同士だ。ある時、グオホワからある女性（ホー・ホンリン）に一目惚れしたと相談を受け手助けをすることに。しかし、ホンリンの人柄を知るにつれて、チュンションも特別な思いを抱くようになる……。

価値観の変化と激動の時代に「何のために、どう生きるのか」、理想を求めて歩み続けた若者たちの人生ドラマ。多くの試練や困難に直面しても優しさと底力を失わない仲間たちの兄貴分を演じたのはシャオ・ジャン。プロデューサーは「イメージと性格両面で共通点がある。キャラクターを特徴づける誠実さ、優しさ、正義感は彼の素朴さと誠実さにとてもよく調和する」と絶賛。中国の主要メディアは社会に影響力のある「現象級」ドラマと評した。

登場人物

肖春生《シャオ・チュンチョン》
（シャオ・ジャン）

明るく前向きな性格で、周りから頼りにされ尊敬されている。念願の入隊を果たすも任務中に負傷。

佟暁梅《トン・シャオメイ》
（リー・チン）

軍幹部の父親を持つお嬢様。心優しく穏やかな性格で、読書愛好家。医師になることが夢。

● 敏腕プロデューサーと名監督のタッグ

北京式映画・テレビ文化の第一人者と称された監督フー・ニンと数々のヒットを世に送り出している敏腕プロデューサー、ヤン・シャオペイがタッグを組んだ。

● 視聴者が大注目の作品！

CCTV と動画配信サービス大手のテンセントビデオで放送・配信されるや弾幕（画面上を流れる視聴者コメント）が過去最速で 1 億を突破したという。

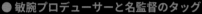

華流ライターとエディターが語る

華流ドラマ・映画の今。

今回取材を進めていくと、ファンタジー時代劇という華流ドラマの潮流が見えてきた。どうしてこんなに同ジャンルの作品が増えているのだろうか。また現代ドラマから見えてくる中国のヒロイン像とは？　さらに独自の推しジャンルとワン・イーボーまで。華流通が縦横無尽に語り尽くす！

『清越坊の女たち～当家主母～』に登場した刺繍 写真／東陽歓娯影視文化有限公司

自分らしく生きる
ファンタジー時代劇が
女性の心をつかむ

島田亜希子
華流ライター

宮廷ドラマ隆盛の裏に仕掛け人がいた

日本での「華流ドラマ」のイメージが、宮廷ドラマからファンタジー時代劇へと移行していったのは、いつごろからだろうか。日本での台湾アイドルドラマブーム、いわゆる第1次華流ブームが落ち着き、中国ドラマの知名度がそこそこ上昇し、専門のムック誌が定期的に刊行されるようになったのが2014年。

そこで主に紹介されていたのは、王道の宮廷愛憎劇やタイムスリップ宮廷劇、そして宮廷ドラマではないが歴史劇でありつつラブロマンスがメインとなるラブ史劇など、誌面は華やかなことこの上なかった（下記の表参照）。

こうした中国現地での宮廷ドラマ人気の火付け役としてまずあげられるのは、ヒットメーカーのユー・ジョン（于正）プロデューサーだろう。2008年から脚本並びにプロデュース業を中心とした制作活動を行っており、『宮 パレス〜時をかける宮女』を中心とした「宮シリーズ」と、『美人心計〜一人の妃と二人の皇帝〜』を始めとする「美人シリーズ」と呼ばれる宮廷歴史ドラマを得意とした。

美しい女性たちに壮絶なバトルを繰り広げさせつつ、その中にラブストーリーあり笑いありと、様々な要素をちりばめた、エンターテイメント性の高い作品に仕上げる所に人気が集まり、日本にもこうした作品が続々と上陸。清朝・辮髪男子ブームなるものにもじわじわと注目が集まった。

また同時期にヒット作を生み出したのが『宮廷女官 若曦《ジャクギ》』のリー・クォックリー（李国立）。香港出身で、監督兼プロデューサーを担当する彼は、制作ジャンルも幅広く、映画にドラマ、現代劇からアイドルドラマ、武侠劇など多岐にわたり、多くの作品監督を務めてきた。

若者たちのトレンドをキャッチする力も高く、中国でのRPGゲームの人気にいち早く目をつけ、2004年には「仙剣奇侠伝」をドラマ実写化して大ヒットを獲得。ゲーム原作の時代劇人気の先駆けとなった。そしてこれが後述するリン・ユーフェン（林玉芬）など、香港の監督・プロデューサーたちによる中国本土でのファンタジー時代劇および仙侠ドラマブームの幕開けとなっていく。

雑誌の誌面を飾った宮廷ドラマ

- 『美人心計〜一人の妃と二人の皇帝〜』(2010 年)
- 『宮 パレス〜時をかける宮女〜』(2011 年)
- 『宮廷女官 若曦（ジャクギ）』(2011 年)
- 『宮廷の諍い女』(2012 年)
- 『謀りの後宮』(2013 年)
- 『後宮の涙』(2013 年)

『美人心計〜一人の妃と二人の皇帝〜』
©China International TV Corporation

手を変え品を変え
ファンタジー時代劇は
百花繚乱だ

『花千骨〜舞い散る運命、永遠の誓い〜』
©CIWEN（SHANGHAI）MEDIA LIMITED

宮廷からファンタジー 転換点となるヒット作

2人のヒットメーカーが生み出したタイムスリップドラマのブームは、「宮」が放送された時点で、すぐにタイムスリップ設定について当局から批判の声明を出されて、その年の12月には規制開始となる（後に、手を変え品を変えて登場するが）。

しかし、そんなあおりをものともせず、2015年の中国におけるドラマのネット配信についての統計によると、数あるドラマの中でも歴史ドラマの配信量が大幅に増加していた。例えば大型宮廷ドラマの『ミーユエ 王朝を照らす月』（原題「羋月传」）、そして、痛快な復讐劇の先駆けであり、この年の爆発的大ヒットを記録した『琅琊榜《ろうやぼう》〜麒麟の才子、風雲起こす〜』（原題「琅琊榜」）などが海外進出を果たし、華流ドラマの人気が更に世界へと広がりをみせていった。

そして2016年の限韓令（韓流禁止令とも称される）の影響を受けつつ、エンタメ業界は大きな転換期を迎える。それが、ファンタジー時代劇のジャンルでは『永遠の桃花〜三生三世〜』（原題「三生三世十里桃花」2017年）、宮廷ドラマでは『瓔珞《エイラク》〜紫禁城に燃ゆる逆襲の王妃〜』（原題「延禧攻略」2018年）の大ヒットにつながったのだろう。

三世に渡る壮大な神々の愛の物語を描いた大ヒットファンタジー小説を原作とした『永遠の桃花』は、ベストセラー小説ありきのIP作品の代表格であり、『花千骨《はなせんこつ》〜舞い散る運命、永遠の誓い〜』（原題「花千骨」2015年）と共に、ヒットメーカーとして知られるリン・ユーフェン監督が手掛け、総視聴回数は500億回越えという驚異的な大ヒットを記録。

そしてこの頃から、ウェブ配信作品に関心、注目が高まっていき、ジャンルも作品規模もさまざまな

『永遠の桃花〜三生三世〜』
©2017 Shanghai GCOO Entertainment Co., Ltd

ウェブドラマが次々と生まれ、その中でも、若い視聴者向けにマーケティングされたファンタジー時代劇が、大きな盛り上がりを見せていく。

一方、宮廷ドラマ『瓔珞《エイラク》』は、女の世界をリアルな感性を持って描くユー・ジョン独自のスタイルをよりアグレッシブに進化させ、後宮を痛快な逆襲劇の舞台に変えて、こちらも総再生数180億回を突破する記録を打ち立てるヒット作に。しかし、ここでもまた、華美な描写や欲望渦巻く宮廷闘争が社会に悪影響を及ぼすとして、テレビ放送が中止に追い込まれるという異例の事態に発展する。

『星河長明　運命の妃と不滅の帝』

ファンタジー時代劇台頭

2019年に国家広播電視総局は、テレビやネットドラマの制作管理の強化を発表し、40話以上のテレビ・ネットドラマの制作は推奨しない、30話以内の短編ドラマの制作を奨励するとした。

また、リアリズムを題材としたドラマ制作の提唱も行われるようになり、従来の宮廷ドラマのような過度に演出されたフィクション作品は制作が難しくなっていくだけでなく、ウェブ配信の大ヒットを受けて放送となった大手衛星テレビ局では『瓔珞《エイラク》』、そして同じテーマと時代を描いた『如懿伝《にょいでん》〜紫禁城に散る宿命の王妃〜』（原題「如懿伝」2018年）や、前出の過去のヒット作などが放送中止に追い込まれていった。

そのまま時代劇の人気が低迷してしまうのか……と思いきや、2022年には女性向けのベストセラー小説を実写化した大型ファンタジー時代劇、『蒼蘭訣《そうらんけつ》〜エターナル・ラブ〜』『沈香《じんこう》の夢』などが、年間の再生指数ランキングトップ10に入る大ヒットを記録。やがて日本にもそうした現地での人気作が入ってくるようになり、日本で紹介されるドラマのジャンルもより多彩になって、華流ドラマ＝宮廷ドラマというイメージも、徐々に遠いものとなっていったように思う。

取り巻く環境は変われど 華流ドラマの可能性は無限大

『沈香の夢：前編〜蓮の花芳る時〜』

架空の世界はどこまで
繊細深遠に迫っていくのか……

女性の描かれ方も自分で人生を切り拓く様に

こうした様々な時代の流れをうけて、中国ドラマに描かれる世界は目まぐるしく変わってきた。奇しくも先に述べたエンタメ転換期の2018年前後に、中国の女性をめぐる環境や活躍の指標がいずれも上昇したこともあってか、それ以降のドラマの中に描かれる女性たちの姿は、誰かに与えられる人生ではなく、自分の力で生き方を選ぶスタイルへと変化をみせ始める。

時代劇の物語の舞台も、宮廷の中だけでなく、外に暮らす様々な身分、家庭、職業に就く女性たちの生きる姿や、ブロマンス人気と並んで女性たちのアツい友情を描くシスターフッドにも焦点が当てられるように。近年では性被害を受けて傷つきながらも立ち上がる女性たちを描いた『花の告発～煙雨《えんう》に仇討《あだう》つ九義人《きゅうぎじん》～』（原題「九義人」2023年）のような、現代社会にも通ずるテーマを持った作品も登場している。

もちろん、ファンタジーの世界だってまだまだアツい！　先の「仙剣」ブームの時からさらにファン層も広がり、ジャンルもより多彩になっている。ファンタジー超大作「九州シリーズ」の『斛珠《コクジュ》夫人～真珠の涙～』（原題「斛珠夫人」2020年）のように中国神話と史実をベースにファンタジー世界が描かれる作品、2020年以降に配信されたファンタジー時代劇の中で最も優秀な作品とも評され、2023年の夏の大ヒット作となったレオ・ロー（羅雲熙）主演の『長月燼明（原題）』、そしてまさに神々しいシャオ・ジャン（肖戦）の美しさで話題沸騰となった「鏡シリーズ」の『玉骨遥《ぎょっこつよう》』（原題「玉骨遥」2023年、本編のP4～7）など女性視聴者に向けたロマンティックな作品が次々登場した。そうした作品に登場する美しき男性神は、「古装男神」と称され多くのファンに愛されている。

そして、こうした作品に登場するヒロインたちもまた、人生を自分で切り拓くという強い意志や、自立心を持つキャラクターとして描かれることが増えている。壮大かつロマンティックなラブストーリーという娯楽性と、観る者に共感性を与える現実的要素を兼ね備えている点が、女性を中心とした若い世代のドラマファンのハートをキャッチするポイントとなっているとも言えそうだ。

多様化するファンタジー時代劇作品

「宮廷ドラマって、どうして最近少なくなっているのでしょうか？」そんな編集部からのご質問に答えるかたちで、ここまで、本当にざっと駆け足で、宮廷ドラマからファンタジー時代劇ブームへの転換期などを振り返ってみた。

前回の『和華』華流特集号で、中国・アジア情勢ウォッチャーの如月隼人先生が教えてくださったように、華流ドラマは実に多種多様で、今回はざっくりと二つのジャンルをメインに取り上げたが、実際にはこの他にも、現代ドラマに含まれるラブ、企業もの、青

オススメのファンタジー時代劇

- 『沈香（じんこう）の夢：前編～蓮の花芳る時～／後編～燃え尽きぬ愛～』（2021年）
- 『想いの温度差～九霄寒夜暖～』（2021年）
- 『馭鮫記（ぎょこうき）前編：月に君を想う／後編：月に愛を誓う』（2021年）
- 『蒼蘭訣（そうらんけつ）～エターナル・ラブ～』（2022年）
- 『玉骨遥（ぎょっこつよう』（2023年）

馭鮫記（ぎょこうき）後編：月に愛を誓う』

『想いの温度差～九霄寒夜暖～』

映画通をも唸らせる 重厚な作品が出てきそうで楽しみ

春、SF、家庭、教育、サスペンス、そして時代劇に含まれる戦国ドラマ、武侠ドラマ、職業ドラマ、さらには年代劇など、枝葉に別れてじつに幅広い。

最近では従来の「探案時代劇」に謎解きとファンタジックな怪奇譚的要素も盛り込まれた『想いの温度差～九霄寒夜暖～』（原題「九霄寒夜暖」、本編のP92）、九州シリーズ最新作『星河長明　運命の妃と不滅の帝』（原題「星河長明」）のような「ファンタジー＋王朝劇」、更には、遠い惑星から来た人魚が活躍する『あなたがいれば～人魚と私の100日～』（原題「魚生知有你」、本編のP14～15）のような「青春＋ファンタジー＋サスペンス」など、一つのジャンルに＋アルファされる内容も多い。最後まで視聴しないと予想もしない大どんでん返しが待っている作品も非常に増えてきており、なかなか手強い内容になってきている。そしてライトなエンタメ作品だけでなく、映画好きな方たちにも認めてもらえるような、文芸的な作品もたくさん生まれている。

そう、つまりコンテンツの充実度はずば抜けて高くなっていて、予想不可能な面白さも満載！ということなのだ。だからぜひ、「中国ドラマって、歴史ばっかりで難しいんでしょう？」などと言わず、直感で、なんならビジュアル優先のジャケ決めで、「これは！」と思う作品を見つけたら、どんどん視聴して楽しんでもらえたらと思う。この華流特集が、皆さんの中華ドラマへの新たな扉を開くきっかけとなる事を願って。

PROFILE

島田亜希子

上海留学中に現地ライターとして活動。現在は中華圏を中心としたドラマ・映画に関して執筆、中文翻訳も時々担当。Cinem@rt にて「中国時代劇トリビア」「中国エンタメニュース」などを連載中。

高い理想像より
直面するリアルが描かれた
「30女」に共感度満載

沢井メグ
華流ライター・翻訳家

中国ドラマのヒロイン像に変化

　皆さんは中国ドラマのヒロインにどのような印象をお持ちでしょうか。これまで好まれてきたヒロイン像に注目すると、例えば愛憎渦巻く宮廷が舞台の時代劇『如懿伝《にょいでん》～紫禁城に散る宿命の王妃～』や『瓔珞《エイラク》～紫禁城に燃ゆる逆襲の王妃～』の主人公は聡明で気丈な女性。現代劇の甘いラブロマンスものでも、ヒロインは仕事で成功し御曹司やツンデレCEOの愛を得るスーパーウーマン。このように中国ドラマでは、強さと賢さを兼ね備えた言わば「理想的」な女性が奮闘し成功していく作品が好まれてきました。

　しかし、近年、より多様で現実味あるヒロインを描く作品が支持されるようになっています。彼女らの弱音に向き合い、挫折もアンハッピーな展開も恐れずに描く。そんな視聴者の共感を呼ぶドラマが人気を博し、次々と日本に上陸しているのです。その代表作が『30女の思うこと～上海女子物語～』。ドラマから中国を生きる女性のリアルをのぞいてみましょう。

社会現象となった『30女の思うこと』

　『30女の思うこと』(以下、30女)は、上海在住の3人のアラサー女子による人生の選択の物語です。1人は向上心なら人一倍のブランド店勤務のバリキャリ女子、1人は仕事はそこそこ、結婚後もマイペースに暮らす平凡女子、そしてもう1人は元キャリアウーマンで今は子どもの教育と内助の功に専念する専業主婦。

　全く異なるタイプの3人が親友となり助け合いながら、三者三様の試練や挫折に立ち向かう姿に共感する女性が続出！　中国では総再生回数が71億回を突破し、社会現象となりました。「30女」はそれほどまでに中国の都市生活のリアル、そして女性のリアルに迫った作品だったのです。

「30女」のリアル1：都会に住む地方女子の苦悩

　まず都会に住む地方女子の苦悩を描き出したのは、ブランド店勤務のワン・マンニー。店ではエレガントに振る舞っていますが、実のところ生活には余裕がない。それは彼女の給料の大

『30女の思うこと～上海女子物語～』

DVD-BOX1～3 各14,960円(税込)
発売元：コンテンツセブン／フォーカスピクチャーズ
原題：三十而已
製作：2019年 / 中国 / 全43話
©Linmon Pictures

半が家賃に消え、加えて親に仕送りもしてお金がほとんど手元に残らないためです。高収入でも貯蓄なし。日本でも「隠れ貧困」と呼ばれるワン・マンニーのような経済苦は中国でも「精致窮（贅沢による貧乏）」という名がついています。中国の経済発展がもたらした都市型貧困の一種です。

　ワン・マンニーは親から「地元で結婚しろ」という圧力を受けつつも仕事に邁進していましたが、30歳を目前にして将来に不安を感じ始めます。しかし昇進を目指すも思うようにはいかず……。この職場での生き馬の目を抜くような戦いは、さながら宮廷ドラマのようですが、「30女」ではヒロイン大勝利とはなりませんでした。結局、彼女は辞職することに。

　しかし、この挫折がワン・マンニーのターニングポイントになります。彼女は全てを手放したことで本当の自分の心に気づき、新たな一歩を踏み出したのです。その姿に私は「年齢に囚われているのは自分自身ではないか」とハッとさせられるものがありました。

「30女」のリアル2：若者から責任ある大人へ

　2人目の主人公は特に出世欲もなく日々をのんびり生きているジョン・シャオチン。実家も上海で、夫が出張のたびに実家に帰り、両親から子ども時代と同じように世話を焼いてもらい……彼女は一種の「大人になりきれていない大人」として描かれています。

　しかしそんなシャオチンの生活は二つの「想定外」をきっかけに大きく変わりました。一つ目の「想定外」は予期せぬ妊娠、そして二つ目の「想定外」は夫からの「中絶してほしい」という言葉でした。夫の言い分は視聴者から「身勝手すぎる」と多くの批判を浴びましたが、親になりたくないという気持ちの裏には彼の生育環境の影響と共に「90後（90年代生まれ）」が抱えるプレッシャー」も見え隠れします。

　結局、シャオチン夫婦は離婚するのですが、離婚を機に2人は自身とお互いを見つめ直し精神的に大きく成長しました。子ども気分から責任ある大人へ。シャオチン夫婦の物語は孔子の「三十にして立つ（三十而立

多様なヒロイン像は世の女性を映す鏡

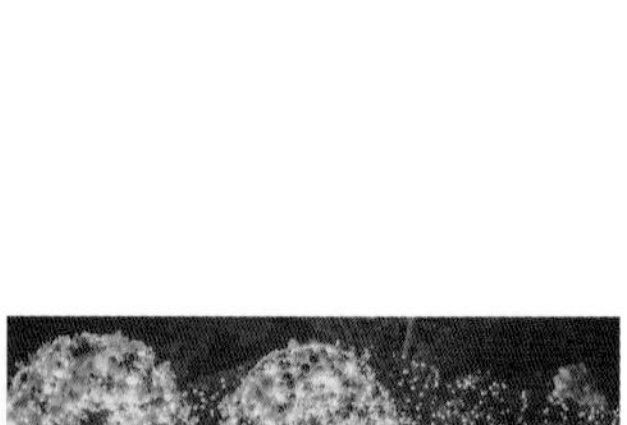

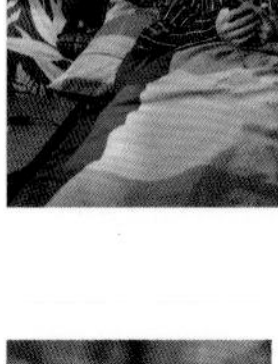

ワン・マンニー
（ジャン・シューイン）

上京し、高級ブランド店で働くバリキャリ女子。管理職を目指している。

ジョン・シャオチン
（マオ・シャオトン）

お見合いで結婚。仕事も結婚生活もマイペース。

グー・ジア
（トン・ヤオ）

元キャリアウーマン。夫と事業を立ち上げ、妻も母も完璧にこなす。

キャリアも結婚も家族も日本の事情とほぼ変わらない

／30歳ぐらいになると社会で自立した大人になる）」を思わせます。

「30女」のリアル3：中国的専業主婦の在り方

そして3人目のグー・ジアですが、彼女を見て「中国で専業主婦は少数派では？なぜ共感？」と思う方もいるかもしれません。確かに従来の都市における中国女性のキャリア形成は結婚出産後も働き、家事育児は親やシッターの手を借りるのが一般的でした。

しかし近年は専業主婦が増加傾向にあり、都市部に住む若い世代ほど多いのが実情。その大きな理由は子どもの教育です。都市部では所得が増え共働きでなくても生活ができる、また能力さえあれば専業主婦の経歴は仕事復帰の妨げにならないことから、教育に専念するために専業主婦を希望する女性が増えています（ただし、家事は「阿姨《アーイー》」と呼ばれるハウスキーパーを雇うケースも）。

物語は、グー・ジアが息子を名門幼稚園へ入園させるためにタワマンに引っ越すところから始まります。教育環境のための引っ越しとは「孟母三遷」の故事を思わせますが、現代上海の孟母三遷はスケールが違う！ グー・ジアが無理をして買ったタワマンは低層階でもかなり豪華です。

さらに息子の幼稚園入園を目指してタワマンのボス的夫人へのコネクション作りに奔走し、夫の事業を助けるべくタワマンのセレブ妻会で人脈作りに励むなど、その姿はまさに中国の都市型専業主婦。意外と質実剛健なタイプのグー・ジアが、煌《きら》びやかな上流階級と渡り合っていくシーンは一つの見どころですが、夫の不倫をきっかけに彼女も人生の選択を迫られていきました。

呪縛からの解放で真の自立を手に入れた

仕事、お金、実家との関係性、結婚、妊娠、夫婦のコミュニケーション、教育、起業、パートナーの不貞……彼女たちに降りかかった問題は、誰もが多少は経験するものではないでしょうか。ヒロインが問題に向き合い、時に乗り越え、時に挫折し涙する姿にはアラサーに限らず様々な年齢層の女性から大きな共感が寄せられました。

**同時代の中国の人々の心情や
論理をまざまざと見せてくれる**

　そして本作をより輝かせたのは、3人が自ら呪縛を解き自立していく姿までが描かれた点です。彼女たちそれぞれが「こうありたかった30歳像」——「上海でのキャリア」「変化のない日常」「円満家庭のセレブ妻」を勇気をもって手放し、自らの責任のもと未来を選んだことで真の自立を手に入れたのです。

　中国でも30歳前後は結婚、出産、キャリア形成と悩み多き年代です。ドラマ原題の「三十而已（ただ30歳になっただけ）」をそれぞれの形で体現した現実味あるヒロインは中国で多くの女性を励まし、国外でもヒットして、韓国やタイではリメイク版が制作されています。日本でも多くの共感を呼びました。

さらに踏み込んだ話題の作品も続々登場

　このように現実に寄り添うヒロイン像が支持されるなか、中国ではさらに踏み込んだ作品がヒットしています。例えば『それでも、家族～All is Well～』は母親の死をきっかけに、ヒロイン家族が家庭内の軋轢や父親の介護問題に向き合っていく物語です。

　ヒロインの蘇明玉はかつて「女の子」という理由で母親から兄と差をつけられ、学力は十分なのに希望の進路を諦めざるをえなかった過去を持ちます。「男女平等」を大きく掲げる中国でも「重男軽女」と呼ばれる男児偏重思考は依然として存在します。

　『それでも、家族』では、このような少女の心の傷を正面から取り上げた点が多くの女性視聴者の心に刺さりました。

女性の在り方と人生の選択に揺らぐ女性たち

　そして大都会・北京で助け合う地方出身の4人の女性を描いた『愛すべき私たちへ～beautiful days～』は、ヒロインの1人が自死を選ぶという衝撃的な展開で幕が開きます。キャリア、結婚、地方出身女性の苦労など「30女」にも共通するテーマを扱いながらも、人間の脆さの描写により現実味があるのは、脚本家の実体験がもとになっているためかもしれません。

　このように中国現代劇におけるヒロイン像は世の女性を写す鏡となりはじめています。彼女たちの弱さや心の傷を描き出すことで、似たような経験を持つ人たちに「そのままの自分でいい」という肯定感と安らぎを与えているのです。イケメン貴公子とのラブロマンスだけが中国ドラマじゃない！　寄り添ってくれる友人を探すような気持ちで、多様な女性を描く中国現代劇にトライしてみてはいかがでしょうか。

PROFILE

沢井メグ

ライター／中国語翻訳家。大学で中国語と出会い上海留学、上海万博の勤務を経てライターとなる。エンタメを中心に中華圏の記事を執筆、翻訳。主な訳書に台湾ドラマ『いつでも君を待っている』の原作『用九商店』（トゥーヴァージンズ）等

**『それでも、家族
～All is Well～』**

配給元：コンテンツセブン／フォーカスピクチャーズ
原題：都挺好
製作：2019年／中国／全46話

中国ミステリーはいつの間にか制作クオリティに磨きがかかり次の高次元フェーズに

娜荷
エディター

観るか読むか、楽しみも倍の中国ミステリー

ここ数年、毎日往復の通勤電車で文庫のミステリーを読んでいる。自分で推理に頭を絞ったり、犯人探しをするわけではない。ただ楽しむ、怠惰な読書だ。世界各国のミステリー小説を手当たり次第に読んでいたが、中国ミステリーにはまったのは紫金陳の作品からだった。最近、日本で『ゴールド・ボーイ』として映画化された原作の著者である。『悪童たち』という書名で翻訳も刊行されている。

「推理之王」3部作（原題『無証之罪』『壊小孩』『長夜難明』）の2作目で、中国では『バッド・キッズ 隠秘之罪』としてドラマ化されている。1作目のドラマ化は同じチン・ハオ（秦昊）が出ている『バーニング・アイス－無証之罪－』で、見始めたら意外な展開にどんどん引き込まれた。全12話なので長いのが苦手な人にもよいかもしれない。3作目は『検察官の遺言』として翻訳が今年に入り文庫化されたばかりだが（早速読破）、こちらも『ロング・ナイト 沈黙的真相』としてドラマ化されている。

「もう、読むより観る」に沼落ちしたみたい……

『バッド・キッズ』と同じ監督、主演俳優が再びタッグを組んだ『ロング・シーズン 長く遠い殺人』のDVDが、7月26日から発売される。主演のチン・ハオに加えチャン・イーモウ監督の『ワン・セカンド 永遠のフレーム』ほかで多くの映画賞を受賞しているファン・ウェイ（范偉）、映画監督でもあるチェン・ミンハオ（陳明昊）といった実力派俳優が顔を揃える。一人息子を亡くしたタクシー運転手とその弟分が、手に入れた車のナンバーで人身事故が起きていたことを知り、調べていくうちに18年前に起きたバラバラ殺人事件に繋がっていき再び事件が動き出す……。

監督、脚本、編集、音楽に『バッド・キッズ』の面々が勢揃いしただけでなく撮影監督には『バーニング・アイス』のルー・ディー（路迪）の名前も。中国のレビューサイト豆瓣（ドウバン）では9・4点という高得点を記録したという。極上のミステリーをDVDで見ることができるので、とても楽しみだ。

『ロング・シーズン 長く遠い殺人』

2024年7月26日より DVD-BOX1 発売 15,400円（税込）8月2日より DVD レンタル開始
発売元：マクザム＋中央映画貿易
販売元：マクザム
原題：漫長的季節
製作：2023年／中国／全12話

レトロな異国情緒漂う映像と
極上の「謎解きドラマ」に酔いしれる

軽妙な謎解きの探偵ドラマが続々登場

　横浜に生まれ育ったせいか西洋風の建築物に馴染みがある。3本のいずれも民国時代の上海を舞台に異国情緒漂う街並みや建築物、アンティーク家具や装飾品、衣装が魅力的な探偵ドラマが登場して、見てるだけで目が喜ぶ。もちろん、そこには事件と緻密なロジック、軽妙な謎解きがある。

　2019年に制作された作品は『同居人は名探偵～僕らの恋は迷宮入り～』と『紳士探偵L　魔都・上海の事件録』。前者はフー・イーティエン（胡一天）とチャン・ユンロン（張雲龍）演じるイケメンバディが事件を解決していくが、後者は警察学校を卒業したばかりの新米女性刑事と名探偵の男性というバディが数々の怪事件に挑む。

　『紳士探偵L』では上海フランス租界の警察署の顧問で、おしゃれで変わり者の探偵を『鎮魂』のバイ・ユー（白宇）が演じている。ショートカットで元気いっぱいのヨウ・ジンルー（尤靖茹）とのコミカルで息の合った掛け合いが楽しい。3話でひとつの謎が解決されるので気楽に見ることができる。監督のダン・カー（壇科）は2020年に『ミステリーIN上海Miss Sの探偵ファイル』も撮っている。こちらはオーストラリアのドラマのリメイクとして作られたもので、女性探偵と男性警部が共に事件を解決していく。大きな屋敷に住みいつも美しい服に身を包む女性探偵が謎を解いていくのがオシャレ。

『同居人は名探偵
～僕らの恋は迷宮入り～』

DVD-BOX 全 2BOX 発売中 各 19,800 円（税込）レンタル DVD リリース中
発売元：アクロス
販売元：竹書房
原題：民国奇探
製作：2019 年／中国／全 36 話

『紳士探偵 L
魔都・上海の事件録』

DVD-BOX1~2 発売中 各 9,900 円（税込）レンタル DVD リリース中
発売元：マクザム＋中央映画貿易
販売元：マクザム
原題：绅探
製作：2019 年／中国／全 24 話

歴史＋ミステリーも ためらうことなかれ

前回の『和華』華流特集でご紹介した『風起隴西《ふうきろうせい》—SPY of Three Kingdoms—』は三国時代が舞台の歴史スパイサスペンスと聞いていた。歴史モノでミステリーをあまり見た事がなかったので、なじめるだろうかと少し心配だったが、見始めたら止まらなくなった。

緊迫したスパイの攻防はもちろん、友情や家族愛、スパイゆえの苦悩など深い人間ドラマに引き込まれほぼ一気見していた。

『長安二十四時』の原作者でもあるマー・ボーヨン（馬伯庸）の長編小説デビュー作で、「史実を曲解せず、破壊しない」前提であえて名もなき人物の視点から従来の三国志にはないスパイ要素を取り入れていた。個人の思いを超えて守ろうとする国や大義の大きさは現代を生きていると理解しにくいだけに、逆に印象深いものがあった。

冷徹な顔の下に妻への情熱的な思いを秘める主人公のベテランスパイを演じるのはチェン・クン（陳坤）。そして相手役は先ほどの『紳士探偵L』のバイ・ユー（白宇）が全く異なるキャラクターを演じている。融通は利かないが、友を信じ抜く素直で真っすぐな役どころだ。緊張感のある頭脳戦と駆け引きや逆転劇に、現代ではお目にかかれない不思議な道具も出てきて、ガジェット的な楽しみも。

歴史＋ミステリーを満喫できた自信を胸に、次に見たいのが『山河之影　錦衣衛《きんいえい》と謀《たばか》りの王朝』だ。解説をひもといてみよう。時は明朝初期（ここで怖気《おじけ》づかないこと）。舞台は帝位を巡るクーデター「靖難《せいなん》の変」によって大混乱に陥った宮廷。運命と因縁によって導かれた2人の錦衣衛《きんいえい》が朝廷に渦巻く巨大な陰謀と恐るべき謎の事件に立ち向かうミステリー時代劇だ。

ひょんなことから争いに巻き込まれる泥棒と秘められた過去を持つ錦衣衛、正反対の2人が相棒となり謎と陰謀に立ち向かう。時代考証にこだわった衣装やセット、小道具も高い評価を得ているとのことで、ますます観るのが楽しみになってくる。

歴史＋ミステリーは、難しいかも……などと先入観は持たず、飛び込んでみるべし！　そうすれば新しい世界に出会える。

「歴史ミステリー」は先入観を持たずに
飛び込めば、新たな世界が待っている

『山河之影
錦衣衛と謀りの王朝』

DVD-BOX1~2
発売中 各15,400円（税込）
レンタルDVDリリース中
発売・販売元：マクザム
原題：山河之影
製作：2023年／中国／全24話

本格的な大型作品が続出の「現代サスペンス」も見逃さない

©Jaywalk Starlight(ChongQing) Film & Media Co., Ltd

『暴風眼―特命捜査官―』

DVD-BOX1~4 発売中
各 9,900 円 (税込)
レンタル DVD リリース中
発売元：マクザム＋中央映画貿易
販売元：マクザム
原題：暴風眼
製作：2021 年／中国／全 40 話

警察モノもバラエティー豊かになっている

取材を通じて、日本で人気の華流ドラマ作品は『和華』「華流特集」の第1弾ではラブコメ、今号の第2弾ではファンタジー時代劇という潮流がうかがえた。ミステリーやサスペンス系はいつも、全体数からいえば少数派のようだ。しかしこれまでご紹介してきたように、映像も洗練され、演技もプロットもしっかりした見応えのある作品がたくさん出ている。

前号の華流特集で紹介した『冰雨火《ひょううか》～BEING A HERO～』は今をときめくワン・イーボー（王一博）とチェン・シャオ（陳暁）がダブル主演を務めた、麻薬組織がからむ警察の熱い闘いを描いたドラマだ。『破氷行動～ドラッグ・ウォーズ』を見ていたので同じ俳優が続々出ているとひとりで盛り上がっていたら、同じ監督のフー・ドンユー（傅東育）だった。

村全体で覚醒剤生産を行っていたという実話を元にした『破氷行動』は、同じく警察との攻防を描いている。いずれも題材の重さと全体的に緊迫した雰囲気が続くので、女性の中には取っ付きにくいと感じる人もいるかもしれない。

ヤン・ミー（楊冪）とチャン・ビンビン（張彬彬）が国際的犯罪組織に挑む『暴風眼 特命捜査官』は脚本執筆に9年を費やしたという本格サスペンスドラマだ。国際的産業スパイ組織を壊滅すべく、国家安全局に設置された特別捜査本部の活躍を描いている。現代を舞台にしたスパイものということでこちらも期待大。

中国ミステリーのドラマがこんなに豊かだとは、観るまで知らなかった。ミステリーに限らず、中国の現代ドラマはまだあまり知られていない作品も多いのではないだろうか。本誌特集最後には、紙幅は少ないながらも他の現代作品も紹介している。ぜひ気軽に華流ドラマの海を渉猟して、色々な作品に触れてもらいたい。ミステリーの世界にも、ぜひ！

PROFILE

娜荷

『和華』の編集を担当。幼い頃北京で数ヶ月過ごした原体験から長じて中国語を学ぶようになり、翻訳をするまでになる。元々映画が大好きで、現在は中国映画やドラマ、小説などの紹介に意欲を燃やしている。

深い人物像を醸し出す、イメージ刷新のワン・イーボーに期待

多香椰
エディター

ワン・イーボー主演映画日本上映が目白押し

日本でも人気が沸騰している俳優であり歌手、ダンサーのワン・イーボー（王一博）。そんなワン・イーボーは今年、日本公開の映画が目白押しで、まさに「ワン・イーボー・イヤー」と言える。

そこでこの機会に、さらなる活躍が期待されるワン・イーボーに注目してみたい。最近のドラマでは、時代劇の『有翡《ゆうひ》 -Legend of Love-』や『風起洛陽《ふうきらくよう》～神都に翔ける蒼き炎～』、現代劇の『冰雨火《ひょううか》～BEING ∀ HERO～』などで主演を務め、また最新作では中華民国時代の金融業界を描いたドラマ『追風者』が中国で配信されたばかり。

5月3日に公開された映画『無名』は1940年代のスパイたちが暗躍する上海をノスタルジックに美しく描くスパイ・ノワール。トニー・レオンとワン・イーボーという2大スターの競演で話題になった。

監督は『ワンス・アポン・ア・タイム・イン・上海』のチェン・アル（程耳）。精巧に作られたセットや美術品で今では失われてしまった古き上海を再現した。

中華民国時代、汪兆銘《おうちょうめい》政権の政治保衛部でトニー・レオンとワン・イーボーは上司と部下という役どころだ。中国共産党から送り込まれたスパイと日本軍から送り込まれたスパイがどちらも正体を隠したまま秘密の行動で敵を欺き、極秘任務を遂行する。約8年にわたる「名もなきスパイたち」の活動が過去と現在を行き来しながら描かれていく。

ワン・イーボーは本作が映画初主演となった。物語上、暴力や格闘シーンが多く、ワン・イーボーが派手に返り血を浴びるシーンも印象的だ。トニー・レオンとの激しいアクションシーンも代役をつかわず、体当たりでこなしている。まさにこれまでの集大成のような深みのある演技で、穏やかに見えながら激しい思いを胸に秘めた人物を演じてみせた。

トニー・レオンといえば第53回カンヌ国際映画祭で最優秀俳優賞を受賞した『花様年華』や『インファナル・アフェア』シリーズなど、言わずと知れた大スター。ワン・イーボーはそんなトニー・レオンとの格闘シーンに、最初は力を入れる勇気がなかったそうだ。監督にアドバイスされ何度

『無名』

全国順次公開中
配給：アンプラグド

『**無名**』

スパイ・ノワールに佇む若き俳優

も試すうちに動きが速くなめらかになっていったという。トニー・レオンも最初の手合わせで安心感を持ち彼の演技に対する真摯な態度に感じ入ったようだ。

　ワン・イーボーは、自分の撮影シーンがないときでもトニー・レオンが顔と身体の筋肉を非常にうまくコントロールするのを観察したり、静かにモニターを見て観察していたという。監督もトニー・レオンも揃ってワン・イーボーを熱心で勤勉と褒めている。

　また語学の才能も発揮し、上海語と日本語を学んで劇中では流暢に日本語を操っている。このような様々なチャレンジがある中で、もっとも難しかったのは眼の演技だったという。『無名』は眼のシーンが多く、そのような訓練をしていなかったので難しかったのだそうだ。

　そして度々出てくる食事シーンの中でも「酔っ払いエビ」というまだ跳ねているエビを食べる料理のシーンは意味深い。蒸したスペアリブを食べるシーンでは最初はぎこちなかったが、チェン・アル監督がホウ・シャオシェン（侯孝賢）監督の『フラワーズ・オブ・シャンハイ』の食事シーンを観せてくれたことで自然な感覚を見つけたという。

　トニー・レオンの他にも『小さな中国のお針子』のジョウ・シュン（周迅）やホアン・レイ（黄磊）、『薬の神じゃない！』のエリック・ワン、そして9月8日公開の『熱烈』では監督を務めるダー・ポン（大鵬）など豪華な俳優陣に囲まれての主演を演じきった。

演技に対する真摯な態度は
その人気を不動のものにする

優秀なパイロット役と「ブレイキン」の披露

6月28日に日本で公開された映画『ボーン・トゥ・フライ』ではスカイアクションに挑戦している。ワン・イーボーはパイロットとして優れた能力を持ちながらも才能を発揮しきれずにいる青年役を演じる。優秀な飛行士6人との友情、高度1万メートル以上で行われる新世代ステルス戦闘機のテスト飛行という過酷な任務など、パイロットを熱演するワン・イーボーに注目だ。

中国では公開されるや大迫力の飛行シーン、パイロットの奮闘する姿が評判を呼び、わずか3日間で興行収入40億円を突破したという。新人俳優のユー・シー（于適）や教官役のフー・ジュン（胡軍）、軍医役のチョウ・ドンユイ（周冬雨）などが脇を固めている。

そして9月6日には映画『熱烈』が公開される。ダンスチームに入り、全国大会優勝を目指す青年という役どころで、「ブレイキン」を披露する。

パリオリンピックで正式種目として認定された「ブレイキン」は1970年代にニューヨークのサウスブロンクスで縄張り争いから生まれたブレイクダンスが発祥とされている。やがて「暴力ではなく、音楽で解決する」という提言で「踊るバトル」＝「ブレイキン」という形式が誕生したそうで、日本でも注目されている競技だ。

ご存知の通りワン・イーボーには俳優とは別に歌手やダンサー、ラッパー、バイクレーサーの顔もある。

『ボーン・トゥ・フライ』

全国順次公開中
配給：ツイン
©Shanghai PMF Pictures Co., Ltd. & Mr. Liu Xiaoshi

『熱烈』

9月6日（金）より TOHO シネマズ日比谷ほか全国ロードショー
配給：彩プロ
©Hangzhou Ruyi Film Co., Ltd.

1997年に河南省洛陽市で生まれ、韓国の高校を卒業したワン・イーボーは2014年に中韓ボーイズグループUNIQのメンバーとしてデビュー。メインダンサー、リードラッパーとして活躍した。2018年にはテレビ番組の「創造101」でダンスインストラクターとして招かれ、ダンスの才能を披露している。どんなダンスを見せてくれるのか、楽しみだ。

コーチ役の『クレージー・レーサー』、『西遊記～はじまりのはじまり～』などのホアン・ボー（黄渤）との共演も注目されている。

役の幅を広げ続けるワン・イーボー

俳優としてのワン・イーボーは、2016年に中国ドラマ『ラブ・アクチュアリー～運命の恋愛相関図～』でドラマ初出演を果たし、シャオ・ジャンと共演した『陳情令』がアジア中で大ヒットしたことでブレイクを果たした。

『陳情令』で無口な藍忘機《ラン・ワンジー》を演じたのでクールなイメージがあるが、武侠ロマンスの『有翡《ゆうひ》 -Legend of Love-』では全く逆のおしゃべりな役柄を演じている。それが実は本当の姿を隠す煙幕になっているのだが、そうしたコミカルな演技も見せている。

そして2021年に中国で制作された『風起洛陽《ふうきらくよう》～神都に翔ける蒼き炎～』では武則天が建立した王朝・武周の時代の洛陽を舞台に、博識だが生まれつき情に欠ける朝廷高官の次男という役どころを演じた。

原作が『長安二十四時』と同じマー・ボーヨン（馬伯庸）の史実とフィクションを織り交ぜたしたサスペンス時代劇だ。ホアン・シュエン（黄軒）演じる貧民街出身の行動派とソン・チェン（宋茜）演じる正義感の強い内衛《ないえ》（宮中の警護役）、そしてワン・イーボー演じる頭脳派という全くタイプの異なる3人が連続殺人事件の謎を追っていく。

さらに2022年、現代サスペンス『冰雨火《ひょううか》～BEING A HERO～』では優秀な麻薬捜査官を演じている。ワン・イーボーは撮影中、どのシーンも準備万端で臨み、納得がいかなければ自発的に取り直しを要求したという。まさに時代劇から現代劇まで、フレキシブルに異なる役柄を演じ続けている。

現在、27歳のワン・イーボー。まさにこれから役者として油がのってくる年齢だ。もちろん歌も踊りも様々な活躍が期待される。レンズの向こうで幾千の人生を演じてくれるのを多くの人が楽しみにしていることだろう。

PROFILE

多香椰

フリーの編集＆ライター。国内外の生活文化、芸術、マナーを多角的に取材し、世界の人物記事や書籍、写真集の制作に力を注ぐ。華流ドラマのきっかけは、中国語の先生と『下一站是幸福』を教材につかったことから。

『風起洛陽～神都に翔ける蒼き炎～』

DVD-BOX1～3各16,500円（税込）、Blu-ray BOX1～2各29,700円（税込）発売中
発売元：コンテンツセブン／フォーカスピクチャーズ
原題：風起洛陽
製作：中国／2021年／全39話

Miki さん

『君、花海棠の紅にあらず』Japan Fanclub、君花紅 JFC の管理人。実はピアノ演奏家でもあり、好きなドラマの曲を耳コピして愉しんでいる。

六助さん

ドラマ以外にアニメもサブカルも好き。仕事は全然違うのでギャップがあるかも。華流歴は中学時代から『三国志』をよく観ていた三国志通。

紺青さん

映画の方が好きだったので『覇王別姫』はもちろん、洋物も好き。コロナ禍で外出できずに中国ドラマを観るようになり沼落ち。

トコさん

若いころはジャッキー・チェンが好きでツイ・ハーク監督の作品を何度も観ていた。華流は『宮廷女官 若曦(ジャクギ)』から『花海棠』にハマる。

華流フリーク上級者の座談会が実現！

極上の華流ドラマって

写真／青城　構成・文／『和華』編集部

Miki さん率いる華流ファンクラブは、熱心な華流愛好家が 600 人以上集まるコミュニティだ。X(元 Twitter) の中では、『君、花海棠の紅にあらず』(以下『花海棠』) をメインに、深く楽しめるトークが繰り広げられている。リアル座談会が開催されたのは、華流ファンクラブ『君花紅 JFC』結成 3 周年記念日の少し前のこと。会場になった中国系書店「単向街書店 (One Way Street Tokyo)」のカフェは、和気藹々とした雰囲気に包まれた。

編集部：ファンクラブ結成3周年なんですね！　おめでとうございます。『花海棠』が日本で放映され、その作品の素晴らしさゆえの結成だとか。ズバリ、作品の魅力を教えて下さい。

Miki：役者の美しさはもちろんですが、ストーリーの良さに熱狂できる作品です。過去の京劇の名作『さらば、わが愛／覇王別姫』のファンも多いので、オーバーラップしたり、レスリー・チャンの面影に感じ入るなどしています。また、ファンの皆さんも京劇の作品を詳しく知らなくても、ドラマの中で紹介してくれているので中国の古典に触れることもできました。そのような諸々が、このドラマの魅力であり沼落ちした理由ですね。

（一同感嘆の嵐）

トコ：背景美術のスゴさ、歴史物はやっぱり衣装を観ても心が華やぎます。1話目から女形役イン・ジョンの扇を扱うシーンにやられましたね（と言って扇を顔の前に翳す）。

紺青：そうそう、手の表現や所作の美しさが、ちょっとや

「単向街書店 (One Way Street Tokyo)」
座談会の会場になったのは、銀座にある書店のカフェだ。中国の独立系書店が日本に初上陸し、最先端の知識空間として注目される。書籍は中国語のほか日本語や英語、韓国語などで書かれたアジアの歴史と文化に関連するものが多数揃う。

『花海棠』のイベントが開催
2023年12月に単向街にて開催。脚本家の久任氏が、スクリーンを通して特別出演し、リアルタイムで『花海棠』ファンたちから40近くの質問に答えるなど、大盛り上がりした。

『さらば、わが愛／覇王別姫』記事パネル
記事を集めたパネは2022年6月にbunkamuraのル・シネマで公開された『覇王別姫』を観に行った時に記念撮影した写真など。ファン熱が伝わる。(Miki さん私物)

『君、花海棠の紅にあらず』

予期せぬ沼落ち。『君、花海棠の紅にあらず』

そっとではないところに惹かれました。

六助：ドラマ撮影に挑むのに役者さんたちは、そうとう鍛錬しているでしょうけど、その基礎、育成のスゴさが感じられるし。

Miki：私は1周目は軽く流して……って観て、2周目からは気になる言葉とかセリフとかに心を置きます。たとえば、6話目の降りしきる雪の中のシーン「夢とは一生であり、一生とは夢のようだ」というセリフ。商細蕊が楊貴妃の魂に触れたとき！「泡沫夢幻」のごとく夢のように儚い人生を雪とリンクさせてる？と読み取ったり。日本の言葉だと「諸行無常」につながるのでは？など、解釈を深堀りできるのが沼りの最大のポイントですね。

六助：あそこは華美シーンよね。『花海棠』は雪が重要なシーンのすべてに使われてるの。日本の歴史文化や日本人の情緒の深いところに中国がすごく関わってるから、感じ取れるっていうか、うまくい言えないけど、なんかいい！って。

トコ：京劇舞台が劇中劇で素晴らしすぎる。京劇役者でないのにあそこまでの演技力ですから！　一番前で観たいくらい。それに、役者だけではなく、馬の仕事っぷりも違いますね。

Miki：馬と言えば中国ドラマにハマったあまり、乗馬ライセンス取った方まで……。

紺青　はい、私です。あまりにもカッコいいのでどハマりして自分でも馬さばき、手綱さばきをやってみようかと。やはり、1話目に豪商の程鳳台が帰ってきたとき、手綱でバシーンってやって乗るシーンがあるのですが、手慣れた乗り方だな、って見てわかる。また、役者ホアン・シャオミンがかっこいい。何回も巻き戻して観たりして。

六助：それ言うなら、シャオミンが撃つ銃。あれ、カトレフよ。銃好きにはたまらないわ。かっこいい。私もシューティング（射撃）に行ったりするので、彼が撃ってるシーンを一時停止してチェックしてるのよ。

（一同笑い）

編集部：ところで、ブロマンスファンでもありますか？

六助：BLも好きですけど、『花海棠』は主演2人の関係性を観察するのが楽しくて。覗き見させてくれるところに興奮点がありますよ。

トコ：そう。ザ・BLではないので、そこをどう香りをかぐかって感じね。

Miki：華流の楽しみや沼落ちのポイントはたくさんあるけど、『花海棠』は海外にもファンが多いですよね。構成がしっかりして、重厚な物語を好むのが好きなんです、皆。

編集部：皆さんは『ヒカルの碁』（以下『ヒカル』）も共通してファンだとか。

『君、花海棠の紅にあらず』

『さらば、わが愛／覇王別姫』パンフレット
2023年角川シネマ公開。1994年の35㎜フィルムを使用しての上映があったが中国語映画初カンヌ国際映画祭パルムドールを受賞した中国映画史上屈指の名作。（Mikiさん私物）

『君、花海棠の紅にあらず』STORY
京劇に人生を捧げた男たちの絆と運命を描いた壮大なドラマ。1930年代ごろの日中戦争前後を舞台にした人気京劇役者・商細蕊と北平（北京）の豪商、程鳳台の二人の絆の物語。確かな実力と妖艶な魅力を持った商細蕊に惹かれる程鳳台だが……。

漫画は全てMikiさんの私物

ミニマムな環境での制作。なのに高完成度の『ヒカルの碁』

Miki：『ヒカル』は日本のアニメ漫画の原作として世界的にもヒットしましたが、2020年に中国を舞台にした実写版が出たのです。『花海棠』が好きな人は『ヒカル』も好きになって沼りましたよね。背景美術や衣装などは『花海棠』とは正反対で、出てくる南朝梁時代の囲碁の第一人者・褚嬴（チュー・イン）が着ている服はほぼ毎日同じ。目を楽しむというより、ドラマ自体の内容が秀逸なんです。

紺青：私はドラマで観ましたが、制作側の情熱を感じたわ〜。

Miki：監督自身が『ヒカル』ファンで、実写版ではアニメ、『ヒカルの碁』のエンディングテーマ、「ボクらの冒険」に自分自身で作詞したオリジナル歌詞を使用しているほど！　私自身は、陰陽五行の話とか、中国神話にもつながる話があったので、そこで深みにハマりましたね。囲碁の世界は深遠な世界で、虚飾がないんですね。私は考察本を書いたぐらいなのでいろいろ調べたのですが、陰陽五行の深いかかわりがあって。それは白と黒の世界。碁盤が宇宙、そこに魅了された人たちの物語ですね。過去には天文学に使われていたようで、おもしろくないはずがないです。『ヒカル』は、「なにかあるぞ」、と深堀りさせてくれて。

トコ：原作をそこなっていないからいいですよ。それに、まだ中国で有名ではない俳優さんが出演していましたが、とても上手でした。

六助：原作が本当に良かったので、『ヒカル』の漫画やアニメ観て碁を始めた子どもも多かったのよ。だから、私はドラマどうなるかしら？と。でも、よく作ってくれて嬉しかったわ。

Miki：『ヒカル』は、傑作なのにCSのみの放送だったので少し認知度が低い華流ドラマです。本当は子どもから大人まで見られるいい作品なんだから、配信サイトだけなんて残念！　でも、でも、非常にタイムリーなことに、7月に舞台化されますものね！

『ヒカルの碁』STORY

ほったゆみ（原作）と小畑健（漫画）による日本の少年漫画。集英社『週刊少年ジャンプ』にて連載されたヒット作。ひとりの少年が南朝梁時代（6世紀頃）の囲碁の名手で天才棋士・藤原佐為に取り憑かれてしまう。佐為の「神の一手を極めたい」という強い思いを受け、佐為の身代わりに様々な対局を通じて成長していく。（漫画は全巻Mikiさんの私物）

『ヒカルの碁』の考察本まで発展

『ヒカル』好きが高じて考察本まで刊行したMikiさん。『ヒカルの碁』には神仙思想が出てくるので本の中に故事なども入れたら評判が良かったそう。物語は故事や禅語などもたくさん使われていたので何回も観ないと理解しないし、極上のドラマってそれができるから楽しいし豊かになりますとMikiさん。無料電子版は、アマゾンの他、楽天koboでも読め、紙の書籍はアマゾンのみで購入できる。

『明蘭〜才媛の春〜』
©Daylight Entertainment CO.,LTD

頭が狂うぐらい何回も観たわ

（一同拍手）

トコ：『ヒカル』ファンが騒いでますよ。

六助：Xでもすごいね。寝ていた子が起きてきた感じ。なんかあるよね。

紺青：一つのドラマを巡ってこうやって話が語り継がれることがすごいですよ。

編集部：最後に、華流の王道や好きな作品を教えてください。

Miki：『瓔珞《エイラク》〜紫禁城に燃ゆる逆襲の王妃〜』は『花海棠』のように衣装とか美術が良かったですね。ウー・ジンイェンがヒロインとして型破りなキャラクターで。宮廷ものにしてはドロドロ感をそれほど感じなく。宮廷物は陰謀と策略が好きな人と嫌いな人に分かれますね。

トコ：『明蘭』も優れた才知で「夫」と「妻」と「家」を守っていく話で人気でしたね。こちらは頭がおかしくなるぐらい観たわ。映像がとっても美しいラブロマンスで。『瓔珞《エイラク》』もいいですね、やられたらやり返すの大好き。

（一同爆笑）

Miki：少し前の作品ですけど、『三千鴉《がらす》の恋歌』がいいかなぁ。ジェン・イェチョンが演じる傅九雲ですが、彼は7歳から京劇を学んで、京劇教育の最高峰を卒業したので、所作が優雅で美しくって、人ならざる仙人そのもの。普通の役者さんの群を抜いて見とれました。その後に『花海棠』にハマりました〜。

六助：私は、『ロング・ナイト』もおすすめかなぁ、ミステリーサスペンスなんですがすごくおもしろいですよ。

トコ：最近のものだと『家族の名において』のファミリー感動物語には心解きほぐされたわ。

六助：『流転の地球2』が良かったですね。『流転』は原作も読みましたが印象が全然違うの。ドラマは雄大な感じ。SFの世界ですがスケール感が違うんですよ。アニメ『名探偵コナン』も『ハイキュー!!』もいい！　私は週末映画館の生活しているんです。

紺青：最近観た現代劇でおもしろいのは『マリアージュ・ブラン』でバリキャリ弁護士（ヤン・ミー）×年下草食男子（シュー・カイ）が偽装結婚生活を描いたラブコメディなんですけど、皆ブランドものを持っていて。バンバンお金を使っていてせせこましくなくて。日本のしょぼくれた半径3mのわちゃわちゃではなくて観てるだけで運気が上がってくるの。拝みながら観てましたよ。

（一同笑い）

六助：これも良かった『始皇帝』。日本では『キングダム』好きな方におすすめ。『風起隴西』は超絶おもしろかった。名もなき英雄たちが繰り広げる諜報戦。『三国志』好きな人はきっとハマりますよ〜。

Miki：そうですね、名前のない人、下で働いている人にスポットを当てた脚本が素晴らしいですよ。最後にどんでん返しするストーリーがいい。

六助：ボロボロになるバイ・ユー、痛みつけられるバイ・ユーは見どころ。

Miki：『月に咲く花の如く』は清末の女一代記ですよね。清朝末期の激動の時代を不屈の精神で駆け抜けた実在の人物、周瑩に共感した女性は多かったと思います。

六助：私は『三国志』好きだから、イベントに行くとき、「行きます！」と言わずに、「東南の風吹かせるぞ！」なんて言ったり、拱手《きょうしゅ》をして「了解」なんてやったり、華流に妙な影響受けたりして。

（一同笑い）

Miki：それにしても、ドラマをきっかけで乗馬やカトレフ、中国語を始めたり……。皆で、明治大学の加藤徹先生の京劇を観に行って、おもしろい話を聞いたりもしました。華流によって、世界がグンと広がりましたね。これからも、皆で映画を観にいったり、イベントをしたり、その後に中華料理食べて楽しみましょうね。

（一同拍手）

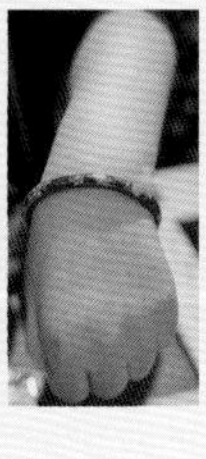

華流グッズ♡

華流所縁グッズ披露も楽しみ

「華流ドラマがきっかけで新しい扉が開いたね」。これはお仲間皆が思っていること。女性同士年齢も、職業もいろいろ違う人たちが集まって話す場を作りたかったとMikiさん。ファンクラブのメンバーはオフ会のときは華流グッズを披露して楽しむ。紺青さんは馬のブレスレット、トコさんは、80年代に上海で購入した思い出のブレスレット、六助さんはチャイナ服を着て。Mikiさんは京劇のモチーフのリングを持参して披露しあった。

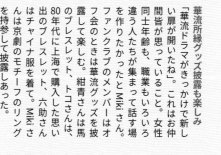

理由を教えてください

『和華』の今号では、「華流に沼落ちするのはなぜ？」という疑問から始まり、編集部で考察し、華流ファンの方々へのアンケートも実施した。華流がいかに充実感に浸れるか、新たな世界が広がっていくかなど、共感のコメントをたくさんいただいた。

構成・文／『和華』編集部

Point.03

そこまでやるの！入魂の制作

歴史ものの戦いは壮大だし、ファンタジー時代劇では美しく気持ち良さそうに空を飛ぶ。どちらもセットは荘厳で衣装も美しく凝っている。話数が多いので展開は意外に早く、伏線処理ができているものとできていないものもあり、ツッコミどころは満載。それでも、最後に見終わった後の充実感と痛快感などが視聴者を沼落ちさせていく。

- ☑ 豪華な衣装とセット、作品の作り込みのすごさ。 ―虎子さん
- ☑ 話が奇想天外で、現実世界には無さそうな話でなおよし。 ―ぞんずーさん
- ☑ 突然血を吐いたり、脈？だけで体調判っちゃったり。 ―ゆんちゃんさん
- ☑ 親兄弟姉妹親戚まで繋がりが濃いかと思えば、結構簡単に裏切ったりすぐ義兄弟になる、とか（笑）。 ―ノノさん
- ☑ 何十話も続くので物語の広がりや脇役にも切り込んでくる。 ―ゆなりさん
- ☑ タイムトリップは当たり前。だからと言って SF にならないところ（笑）。 ―ミルさん

『沈香（じんこう）の夢 前編～蓮の花芳る時～』©2022 Youku Information Technology（Beijing）Co., Ltd. All Rights Reserved.

『始皇帝　天下統一』©CHIN EMPIRE

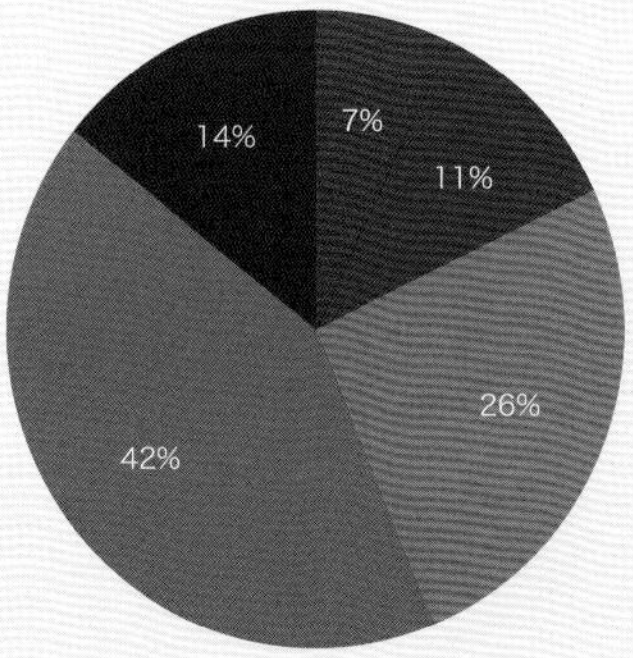

アンケート回答年齢

- 20 代：8 人
- 30 代：12 人
- 40 代：29 人
- 50 代：47 人
- 60 代以上：16 人

期間：2024 年 4 月 22 日～ 5 月 22 日
場所：『和華』公式 X、「君花紅 JFC」、知人への転送
回答数：女性 112 名

華流ファンを沼らせた壮大な文化と世界観

日本における華流ドラマは、地上波以外の放送やネット配信などで視聴できるようになり、その面白さが発見されつつある。

華流の人気ぶりを分析すると、「沼落ち」した理由は大きく三つある。まず、もっとも感じていることに「中国の歴史観や世界観」。多様で豊かな文化があるだけに、歴史ものから武侠、宮廷、現代ラブコメ、ファンタジーと本格派からワイヤーアクション、CGを駆使したフュージョン系まで老若男女が楽しめること。二つ目は、若手イケメン俳優が大勢出演していることも魅力。三つ目に、ツッコミどころ満載な展開などもついつい引き込まれる不思議さがある。見終わると、中国語を習う人が続出するのには目を見張る。華流の「深い沼」とは、現実とは切り離した時間や世界に連れて行ってくれることにあるようだ。

※誌面のスペースの関係上、アンケートコメントには編集が入っております。

華流ファンの皆さんへアンケートを実施！

華流に「沼落ち」した

Point.01

歴史や世界観に脱帽

中国の広大さ、歴史の深さ。役者も専門教育を受けた実力派や、個性的な人材、制作者も揃っている。桁違いの制作費用から作り出される作品と作品の多彩さが新鮮だ。伝統的な衣装や美術、豪華なセットなど、その作品の世界観を表現するための工夫がぬかりなく、細部まで見応えがある。「日本に入ってこない作品や古い良作への興味も尽きない」とファンならではの声も多かった。

人気作品　RANKING

1位	39名	『陳情令』
2位	18名	『琅琊榜《ろうやぼう》　～麒麟の才子、風雲起こす～』
2位	18名	『君、花海棠の紅にあらず』
4位	13名	『瓔珞《エイラク》～紫禁城に燃ゆる逆襲の王妃～』
5位	12名	『宮廷の諍い女』
5位	12名	『山河令』

以下、こんな作品も！

『銀河のような愛』
『明蘭 ~ 才媛の春 ~』
『尚食 (しょうしょく) ～美味なる恋は紫禁城で～』
『家族の名において』
『如懿伝（にょいでん）～紫禁城に散る宿命の王妃～』
『マリアージュ・ブラン～嘘つき弁護士の愛の法則～』
『武則天 -The Empress』
『玉骨遥（ぎょっこつよう）』
『永遠の桃花～三生三世～』

＊言及された 作品総数 123 作

Point.02

華流イケメンは神級

華流ドラマを見て、中国のイケメン俳優の虜になった人も多い。うっとりするほど美しいビジュアルの俳優が多く、ドラマはフレッシュスターの登竜門と言われるようだ。イケメン俳優たちが優しく見守ってくれたり、ロマンティックなセリフをバンバン言ってくれるとファンたちはグッときてしまうのだ。

人気俳優　RANKING

1位	41名	シャオ・ジャン（肖戦）
2位	27名	ワン・イーボー（王一博）
3位	14名	イン・ジョン（尹正）
3位	14名	シュー・カイ（許凱）
5位	8名	ホアン・シャオミン（黄暁明）
5位	8名	チャン・ルオユン（張若昀）

以下、こんなイケメンも！

チョン・イー（成毅）
シュー・ジエンシー（徐正溪）
レオ・ロー（羅雲熙）
フー・ゴー（胡歌）
チェン・クン（陳坤）
バイ・ジンティン（白敬亭）
タン・ジエンツー（檀健次）
チャン・ジーハン（張哲瀚）
バイ・ユー（白宇）

＊言及された 俳優総数 111 名

『君、花海棠の紅にあらず』

『春を待ちわびて～ The sea in the dream ～』

『無名』

作品の面白さが先か
俳優たちの美しさが先か

華流を観るきっかけは、「地上波テレビで毎日何となく観て」「俳優さんの美しさに驚き」「友達から勧められて」「原作を読んでいて」「昔から好きだった」などさまざまだが、日本のドラマにはないジャンルやストーリーの面白さが新鮮で引き込まれている人は多い。それにしても、出会いは突然、心のドアを開け飛びこんでくる。そう、始まりはいつも突然。運命を連れてきたかのように。

Q. 華流を観るきっかけはなに?

きっかけは突如としてあらわる

「たまたま無料BSでドラマ『琅琊榜《ろうやぼう》』を見て」——コタさん

約30年前ブルース・リーからカンフー映画にはまり香港、台湾、中国映画を変遷してきました。

——noko さん

漢服や髪型の美しさ、仙人や仙士といった中華時代劇の世界観やスケールの壮大さに圧倒されたのがきっかけ。

——ユノさん

シャオ・ジャンとワン・イーボー、ビジュの良い2人の広告に目が止まり何コレ!

——こぶたこもとさん

コロナ禍で、TVしか楽しみの無い中だったから……——きゃずさん

『インファナル・アフェア』で一時期香港映画にはまり、『三国志』のドラマなどをみてたのですが一旦熱が落ち着いた後、数年たって『双程』に出会い『琅琊榜（ろうやぼう）』を見て再熱しました。

——BENI さん

最初は神仙、古装ドラマでの華やかさと美しさがきっかけでしたが、色々見るうちにクオリティの高さにどんどん魅せられました。トドメはワン・イーボーさんのジャンルを問わない活躍で目が離せません。

——みぞさん

つけっぱなしにしてたWOWOWに『陳情令』が!——なおさん

母が中国映画や華流ドラマが好きでよく観て騒いでいたのでつられて観るようになった。

——mikushka11 さん

長らく韓ドラに夢中だったのが、たまたまCSで放送されていた『瓔珞〈エイラク〉』を観て俳優のシュー・カイさんと中国の歴史に興味を持つように。

——Lilac さん

10代の頃から香港映画を見ていたのがきっかけで、いつしか香港に限らず大陸の映画も見るように。

——toko さん

Q.沼落ちした理由はなに？

俳優「推し」をしているうちにズブズブと…

古装の世界観でしょうか。CGの豪華さ、俳優陣が美しく、そして物語の素晴らしさ。

——ぬごまさん

『麗姫と始皇帝～月下の誓い～』のチャン・ビンビンが格好良くてそれから中国ドラマを観るようになりました。

——らばこさん

＃明蘭　＃三国志　＃軍師連盟　＃永遠の桃花が好き。TVは時代劇ファンだが、読む本はヒロイック・ファンタジーがメイン。そこへ「古装ファンタジー」という、日本では陰陽師と竹取物語くらいしかない両方の旨味を持つジャンルが登場して、他は？次は？と追いかけまくる羽目に……。

——Sidnyさん

チャン・ルオユンはとにかく演技が上手い。イケメン枠かどうかはわからないけど好感度はとても高い。

——王一博ファンさん

役者さんたちの顔面偏差値が高い！

——りんごさん

ワン・イーボーとシャオ・ジャンの『陳情令』を見てしまい沼落ち。主人公2人の凛とした美しさと、物語の面白さ。

——Youtianさん

イン・ジョン、スンリーが好き。まず、文化の違いに驚き、そのうちに俳優さんの演技にハマり、そして日本には無い衣装に見入りました。

——メグっちさん

『策略ロマンス～謎解きの鍵は運命の恋』主演のシュー・ジョンシーさんに魅了され、他の作品も観るようになりました。今年芸能界引退とのことでとても淋しく、悲しいです。

——アケさん

気付いたらシュー・カイに沼っていました。360度どこから見ても美しい顔面。

——AKANEさん

シャオ・ジャン、ワン・イーボーの『陳情令』は美麗な画面、怒涛の展開。泣いて笑って崖から落ちて毒にやられて目が離せません！

——うりこさん

『山河令』、『陳情令』、『蒼蘭訣（そうらんけつ）』、『星漢燦爛（せいかんさんらん）』、『琅琊榜（ろうやぼう）』、『孤城閉』、『三国志～司馬懿軍師連盟～』、『三国機密』、『成化十四年』、『君子盟』など、面白くてかつ考えさせられる物語、見目麗しい俳優さんたちはもちろん、美しい衣装やセットにも惹かれます。『君子盟』はどの場面も一幅の絵のよう……。

——毎日がハッピーさん

Q.華流で生活が変わりましたか?

新たな世界が広がり自分が変われる

余暇はほとんどの時間をドラマ鑑賞や中国語学習に

華流ドラマは話数が多いのでキャラへの思い入れが強くなるとの声が多い。今では余暇はほとんどの時間をドラマ鑑賞にあてているという方がほとんどだ。注目すべきは、アンケート回答者の半分以上の方が、中国語を習い始めたという結果が出たことだ。中国の文化、風習に興味を持ったり、少しでも情報が欲しいと中国のWEBや原作をネット翻訳などを駆使するようになったり、「推し仲間」を作ったという例もある。中国と日本の考え方の違いに興味を持ったり、個人の考え方の違いにも気を配るようになったという声も。大多数の方が、華流を通じて生活のエネルギーや癒しを与えられ、新しい世界が広がったのは間違いない。

中国語を勉強し始めました。睡眠時間が減り、家事がおろそかになっています……。

——ウッキーさん

配信サイトにいっぱいいっぱい入った。

——さつきさん

中国時代劇を見るようになってから中華街の廟や王府、雑貨、食べ物等々、全てが興味深く週1でサイクリングしている。

——ゆなりさん

ロケ地の中国旅行を企画中、中国語学習、さらに中国の歴史、文化遺産を少しずつ学んでいます。

——アケさん

同じ推しのオフ会に参加させて貰ったりして日々楽しいです!

——ノノさん

中国語はわからなくても日本語字幕なしでドラマをみるようになったことです。

——BENIさん

沼仲間が増えた。

——黒柴妈妈さん

中国語の勉強を始めたこと、繁体字や簡体字の小説を購入して翻訳しながら読むことなどにハマったこと。

——かすたどんさん

毎日、歴史や漢詩、東洋医学、書道、神話や星占いなどの知識を大量に浴びてる……。

——りすけさん

中国語の歌を練習したり、中国語を習いに行ったり、寝不足になるし、ＳＮＳ必須、中国アプリ必須になり、近所の代行業者さんと知り合い、オフ会参加にと忙しいです。

——ユズさん

ＳＮＳでワン・イーボーファンの中国人のお友達もでき、さらに彼女達に会いに中国に行き、一緒にロケ地巡りをしました。

——博凛さん

ＡＩ翻訳、翻訳アプリを頻繁につかうようになりましたよ！

——きんちゃんさん

ＢＳの契約、寝不足。

——イガウニさん

中国史にますます興味あり。木簡を書いたり、作りたくなった。

——ちゃんめいじーさん

中国経済や政治を真面目に追うようになりました。

——さくらさん

中国心を知りたくて中国語の勉強を始めました。ウェイボーの『君、花海棠の紅にあらず』のファンが集まるトピックで知り合った友人と毎日メッセージを送りあったり、プレゼントを送りあったり、同人誌を作ったりしています。

——東東さん

中国語検定４級を取りました。就活のために取ると言い始めた子どもに付き合って、内心ではイヤイヤ受けましたがなんとか合格できて、自分でも意外なくらい嬉しかったです♪

——たまごめんさん

中国語は一切話せませんが、中国の若者言葉やネット用語は詳しくなりました。

—— AKANE さん

中国の歴史についての番組を観たり書籍を読むようになった。

——ヴォルフィさん

字幕翻訳者を目指すようになりました。

——柳万里さん

テレビをつけたら中国語（ドラマ）が流れている（日本のドラマを見なくなった）。聞く音楽も中国語。

——柚阿姨さん

中国の歴史に興味を持ち、勉強するようになりました。

——ぱひゅまるさん

中国近代史・現代史を勉強するようになった。

——モカママさん

買い物に行ったお店の方の、ネームプレートが中国語っぽいと、必ず『中国の方ですか？』って話しかけて、中国ドラマを観ていることを伝えます。

—— Mayumi さん

ドラマに登場する歴史背景や登場人物、故事由来の出典を調べてより作品を楽しめた。

——紫金六白さん

「放送チャンネル」で見る

BS放送の中には無料で見られるチャンネルも！

『春を待ちわびて～The sea in the dream～（原題：夢中的那片海）』（全38話）　衛星劇場にて毎週（火）午後9:00、（土）午後3:00　好評放送中！
©XIXI PICTURES

ケーブルやアンテナ、ネット回線など環境さえ整っていれば様々な方法で中国ドラマに触れることができる。無料で見られるBS11とBS12トゥエルビでは、最近放映されたものだけでも『斗羅（とら）大陸～7つの光と武魂（ぶこん）の謎～』『永楽帝～大明天下の輝き～』など話題作が並ぶ。有料専門チャンネルに契約すれば、さらに多くの作品が見られる。CS放送のチャンネルにはWOWOWプライムや衛星劇場、ホームドラマチャンネルなど多くのチャンネルがある。中国ドラマは新作も、時代劇も現代劇も幅広く放映され、日本初放送も見ることができる。各ホームページで作品と放映スケジュールが見られるので要チェックだ。

BS11	無料チャンネル。報道・経済、ドラマ、アニメ、情報・エンタメ・音楽、紀行・教養・ドキュメンタリー、映画、スポーツなど充実したコンテンツ。
BS12 トゥエルビ	無料チャンネル。映画やドラマ、アニメの他にもスポーツや音楽、旅番組、ビジネス情報やニュースまで様々なコンテンツがある。
BSJapanet	無料チャンネル。国内ドラマやアジアドラマ、アニメの他、クイズやゴルフ、麻雀、趣味、スポーツ、地域の魅力を伝えるコンテンツなど情報が詰まったチャンネル。
WOWOW プライム	有料チャンネル。映画、ドラマ、スポーツ、音楽などあらゆるエンターテイメントを網羅するチャンネル。
衛星劇場	有料チャンネル。映画、韓流、華流、歌舞伎、演劇、ライブ、アニメなど様々なジャンルの作品を放送するCSチャンネル。 →詳しくは次のページをCheck！
ホームドラマチャンネル	有料チャンネル。韓国ドラマ・K-POP、時代劇、国内ドラマ、華流などの人気作品をセレクトして放送するCSチャンネル。 →詳しくは次のページをCheck！
チャンネル銀河	有料チャンネル。歴史ドラマ、サスペンス、日本のうた、ドラマ・映画、教養・バラエティなどのジャンルがある。
女性チャンネル♪LaLaTV	有料チャンネル。厳選した国内外の良質なドラマ、映画、舞台や音楽等のライブコンテンツ、料理や旅等のライフスタイル番組など多彩なラインナップのエンタメチャンネル。
ASIA DRAMATIC TV	有料チャンネル。韓国ドラマをメインとしてアジア各国のドラマや映画、バラエティー番組などを放送している。

【耳より情報】

衛星劇場／『浮図縁（ふとえん）～乱世に咲く真実の愛～』が7月27日（土）より午後11:00～先行放送、8月より本放送スタート
ホームドラマチャンネル／『ロマンスは一目惚れから』（日本語字幕版）が7月31日（水）午後8:00よりスタート（毎週火～木午後8:00）※再放送なし
チャンネル銀河／本編30ページで紹介した『山河之影 錦衣衛（きんいえい）と謀（たばか）りの王朝』が8月に放送予定！
みるアジア／ワン・イーボー主演『追風者～金融界の夜明け～』が8月より独占配信予定！
エンタメ・アジア／『風起洛陽（ふうきらくよう）～神都に翔ける蒼き炎～』が配信中
※最新の情報は各ホームページをご確認ください。

「配信プラットフォーム」で見る

サブスクで見放題！の配信プラットフォーム

『馭鮫記（ぎょこうき）後編：月に愛を誓う』

最近 Netflix で『三体』の実写英語版が配信されたが、中国のドラマ『三体』は U-NEXT で見ることができる。「エンタメ・アジア」は時代劇を中心に中国ドラマが充実。『陳情令』『永遠の桃花』などの名作から『30 女の思うこと』『華麗なる契約結婚』などの現代ドラマまで、中国ドラマ好きにはたまらないラインナップだ。「みるアジア」は作品テーマも幅広く、日本語と中国語の 2 か国語字幕やセリフを忠実に訳した「まるわかり字幕」なども提供している。また最近では Hulu でも中国ドラマが増えてきている。

U-NEXT	映画、ドラマ、アニメから漫画や雑誌などの電子書籍まで膨大な配信本数を誇る。 中国ドラマが多数あり DVD リリース前の新作が独占先行配信。
Amazon Prime Video	Amazon Prime サブスクリクションの一部として提供されている定額制ビデオ・オン・デマンド。
エンタメ・アジア	Amazon Prime Video 内のアジアコンテンツ専門チャンネル。時代劇を中心に中国ドラマが充実している。→詳しくは次のページを Check ！
みるアジア	コンテンツセブンがアジアの名作ドラマを配信。2 か国語字幕、字数制限のない「まるわかり字幕」に加え、ここでしか見られない独占作品も提供している。
FOD	フジテレビが運営する公式の動画・電子書籍配信サービス。
RakutenTV	楽天グループの所有するビデオ・オン・デマンドのストリーミングサービス。
ビデオマーケット	映画、ドラマ、アニメなどを提供する動画配信サービス。人気の中国や韓国、台湾、タイ BL の動画も配信中。
Hulu	14 万作品以上のドラマ・映画・バラエティー・アニメなどの動画がすべて見放題の動画配信サービス。
Netflix	世界中で話題のドラマや映画を配信。オリジナル・ドラマ、独占配信ドラマも多数。
Disney ＋	ディズニーが公式にグローバル展開している定額制の動画配信サービス。
iQIYI Japan	中国の配信プラットフォーム「愛奇芸」（iQIYI）の日本での配信サービス。

「DVD/Blu-ray」で見る

手元に置いておける DVD でコレクションを充実させよう！

『夜明けの光　真実を知るその日まで』

DVD-BOX1 ～ 3 発売中 各 8,800 円（税込）**発売・販売元**：マクザム **原題**：江照黎明 **製作**：中国／ 2022 年／全 24 話

好きなミュージシャンの CD を買うように、DVD を購入してコレクションの棚に加える人もいるかもしれない。いつでも見たいときにすぐ取り出してみることができるし、インタビューや制作時の裏話などの特典映像が入っているとなお嬉しい。購入しなくてもレンタルで見ることもできる。作品数が多く、分類されているので探しやすい。以前に比べ、中国ドラマもぐっと増えている。

取材協力／衛星劇場、ホームドラマチャンネル

衛星劇場／ホームドラマチャンネル

多彩なジャンルと人気華流作品をいち早く放送！

日本初放送となる『春を待ちわびて～ The sea in the dream ～』の本放送が６月から始まったばかりの衛星劇場は、1992年に開局。映画、韓流、華流、歌舞伎、演劇、ライブ、アニメなど様々な作品を放送しているCSチャンネルである。そしてホームドラマチャンネルは1998年に開局。韓国ドラマ・K-POP、時代劇、国内ドラマ、華流ドラマなどの人気作をセレクトして放送するCSチャンネルである。

中国ドラマは20年前から放送されていたが、近年中国ドラマの注目度が高まるにつれ、放送する本数も増えているという。視聴者に好まれる傾向としては、大きくは恋愛系のドラマと骨太な史劇や武侠系のドラマにわかれるとも。最近では人気俳優が出演するファンタジー時代劇の放送が日本でも増えているが、根本には恋愛要素があり、時代劇要素があるものが人気という点は変わらないそうだ。日本で知られている人気俳優が出演するドラマ目当てに視聴する人も増えている。

衛星劇場では時代劇・古装劇を中心に、ホームドラマチャンネルでは現代のラブロマンス要素のドラマを中心に、本国で人気の作品を放送している。トレンドは変化するものだが、今後も人気作品はもちろんのこと、今の中国のトレンドが垣間みられるようなドラマ作品や、本国でも人気の良質なサスペンスやミステリーも増やしていきたという。

【視聴方法】

衛星劇場／ホームドラマチャンネルはスカパー！ J:COM、ケーブルテレビ、ひかりTVのサービスで視聴ができる。

衛星劇場／ホームドラマチャンネルについてのお問い合わせ先：
衛星劇場／ホームドラマチャンネルカスタマーセンター
【ナビダイヤル 0570-001-444〔受付時間〕10:00～20:00（年中無休）〔IP電話専用 03-6741-7535〕】

日本初放送

＼ 人気沸騰中の俳優ワン・ホーディー主演の大ヒットラブロマンス時代劇！ ／

『浮図縁（ふとえん）～乱世に咲く真実の愛～』
（全36話）衛星劇場にて７月27日（土）午後11:00～先行放送　８月より本放送スタート

日本初放送

＼ 女性社長が恋に落ちた相手は年下の大学生！ドキドキの新婚生活 ／

『ロマンスは一目惚れから』
（全７話）ホームドラマチャンネルにて７月31日（水）スタート 毎週（火）～（木）午後8:00～放送

エンタメ・アジア

話題の新作から名作までアジアドラマ好きがディープに楽しめる！

配信でアジアドラマをたくさん見たい人にはエンタメ・アジアがオススメだ。エンタメ・アジアは2021年、Amazon Prime Video内でサービスをスタートしたアジアコンテンツの専門チャンネル。アジアドラマ、特に中国ドラマに特化したチャンネルであることが特徴の一つだ。日本におけるアジアドラマ、映画配給のパイオニア、株式会社エスピーオーと株式会社コンテンツセブンが共同で開設した。自社作品だけではなく他社作品も交え、新規の作品を毎月にわたって配信している。

人気の名作や話題の新作など幅広く観ることができ、エンタメ・アジアで日本最速見放題配信する作品もあるという。また、チャンネル名にアジアとある通り、中国だけではなく韓国や台湾のドラマも扱っており、ラインナップに富んでいる。

人気の作品は『明蘭～才媛の春～』や『霜花の姫～香蜜が咲かせし愛～』、『永遠の桃花～三生三世～』、『山河令』、『驪妃－ The Song of Glory －』『扶揺《フーヤオ》－伝説の皇－』、『孤高の花－ General & I －』、『将軍の花嫁』、『斛珠《コクジュ》夫人～真珠の涙～』など、現代劇より時代劇が人気がある。またジャンルではラブストーリー、ラブロマンスが好まれるそうだ。配信される作品のあらすじや人気の作品ランキングなどがホームページに随時更新されているので、ぜひ合わせて見てほしい。

【視聴方法】

価格：月額660円（2週間の無料体験期間あり）

Amazonプライム会員の方が追加で上記料金を支払うことで、チャンネルに加入することが可能。
Amazonのページ上から登録できる。

＼ヤン・ズーとチョン・イーの共演
蓮の花の精と神仙の禁じられた愛と輪廻！／

『沈香（じんこう）の夢 前編～蓮の花芳る時～』

＼ディラリバとアレン・レンが
魅せるファンタジーラブ史劇！／

『駅鮫記（ぎょこうき）前編：月に君を想う』

華流ドラマ制作の舞台裏。

華流ドラマ好きなら制作の裏話やロケ地は当然気になるはず。今回は多くの中国の関係者にご協力いただき、全面取材を実現、舞台裏をうかがうことができた。いまや巨大リゾート地となっている世界最大の撮影基地・横店影視城や『流転の地球』を撮影した青島東方影都。そして、ドラマに欠かせない服飾・化粧／髪型・道具に関することもたっぷりご紹介する。更に、日本人のよく知るドラマ作品を制作した会社まで独占取材！『和華』の紙面でしか読めない独自レポートを一挙公開！

CONTENTS　INDEX

「海を渡る」華流映画・ドラマ

『流転の地球2』や『無名』などの中国映画が日本を含め、海外で公開されるとともに、ドラマも近年頻繁に海を渡っている。中国の映画・ドラマのいったいどんな所が外国人に愛されているのだろうか。国家広播電視総局・発展研究センター国際研究所所長の朱新梅氏が映画・ドラマの海外展開と魅力について紹介してくれた。

文／陽子、孫京、陳慧　構成／『和華』編集部

世界200余りの国と地域に輸出される華流ドラマ

ラジオやテレビ、映画産業の監督・管理を行う国家広播電視総局・発展研究センター国際研究所所長の朱新梅氏によれば、テレビドラマは中国の視聴番組の中で最も輸出量が多いジャンルで、毎年の輸出額は各種視聴番組の輸出総額の70％以上を占め、世界200余りの国と地域に輸出されているとのこと。

「映画やドラマは中国についてリアルに語り、中国のイメージを作る重要な媒体であり、現代の中国社会を反映する重要なメディアです。青春群像劇やサスペンス、女性をテーマにしたドラマはすでに一定の国際競争力を持つ製品ジャンルとなっており、常に話題を呼んでいます。同時に新たなスタイルのドラマやビジネスモデルが大量に現れ、中でもショートドラマは製作とプラットフォームの現地化を実現でき、現地に合わせたストーリーで欧米諸国で放送されています」と朱氏は説明する。

女性をテーマにしたドラマの中でも新麗メディアが製作した『タイガーママ』や『辣媽正伝（原題）』（日本版リメイク『ホットママ』がAmazonプライムビデオで放映された）などのドラマは日本、ベトナムにリメイクされた。また、檸萌影視が製作した『30女の思うこと～上海女子物語～』は現代中国の都会で働く女性たちをドラマで描き、多くの国で放送され、各国のメディアで注目されている。

「極甘」で有名な中国の青春群像劇は、海外の視聴者に深い印象を残し、中国の現実をテーマにした生活ドラマもますます市場の注目を集めている。中央アジア、アフリカ諸国を含む視聴者が現代中国と中国人の生き生きとした現実生活を理解するきっかけになっている。

王道は古装ドラマ、無形文化遺産ブームに火を付ける

中国の古装ドラマは一貫して海外展開を維持してきた。朱氏は「古装ドラマはその強力な製作体制、精巧な服飾・化粧・道具、壮大な世界観、常に創造的な物語や細分化された題材ジャンルを生み出しています。豊かで優秀な伝統文化の要素と東方美学を融合させることなどによって、毎年多くのヒット製品を発表しています。東南アジアや日本、韓国などの市場において強豪をゆるぎないものにしているだけでなく、中央アジア、ヨーロッパ、ラテンアメリカ、アフリカなどにも市場を拡大しています」と説明する。

国家広播電視総局・発展研究センター国際研究所・朱新梅所長　写真 / 本人提供

２０１８年に初放送された人気ドラマ『瓔珞《エイラク》〜紫禁城に燃ゆる逆襲の王妃〜』は15の言語に翻訳され、全世界90余りの国や地域で放映されている。その中に出て来る後宮の髪飾り「絨花《ロンホワ》」は、工芸の巨匠が手作りしたものだ。故宮博物院所蔵の実物を参考にして古装ドラマを専門的に制作した。

あまり知られていなかった「絨花」の技術をこのドラマが一躍有名にし、無形文化遺産の伝承者と国際的有名ブランドのクリスチャン・ディオールとのコラボを実現させ、遠く海外に販売するまでに導いた。

『瓔珞〈エイラク〉〜紫禁城に燃ゆる逆襲の王妃〜』に出てくる後宮の髪飾り「絨花」 写真／東陽歓娯影視文化有限公司

海外の視聴者が魅了される理由はどこにあるのか

『長月燼明（原題）』『星花双姫《せいかそうき》〜天に咲き、地に輝く恋〜』『沈香《じんこう》の夢』（前後編）は海外で高い評価を得て、２０２３年最も人気の高い古装ドラマになった。２０２３年８月７日に中国の大手動画サイト「優酷《ヨウクー》」が発表した古装ドラマの海外展開に関するレポートによれば、海外の視聴者が古装ドラマを好む理由は、中国文化を理解し、中国の伝統文化の魅力を味わえること、衣装・化粧・道具の美しさやスタイリッシュな特殊効果、ストーリーが分かりやすくストレス発散になることや世界観が壮大なことなどが挙げられた。

中国の多くの映画・ドラマ制作会社及びプラットフォームが最近発表した２０２４年の最新作品リストは累計約80部で、そのうち古装ドラマが半数近い割合を占めているという。現在、良質な中国の映画・ドラマと海外視聴者の未来図はさらに双方向の行き来が広がると考えられている。

『瓔珞《エイラク》〜紫禁城に燃ゆる逆襲の王妃〜』を制作した東陽歓娯影視文化有限公司によれば、現在彼らは主に「船を借りて帆を揚げる」というプラットフォームとの連携に頼っているそうだ。そして、プラットフォームの多様化を推進している。

一方では全チャンネルとの共同創造を保ち、ＨＢＯ、ＦＯＸ、YouTube、Netflix、Disney+ など40余りの国際メディアグループ、ケーブルテレビ、ストリーミングチャンネルと深く協力している。また一方では海外のソーシャルプラットフォームでチャンネルを自作し、無形文化遺産要素、伝統芸能を含むドラマを発表し、これらはしばしば海外の視聴者の興味を刺激し、ドラマ制作の国際的な放送を拡大している。

「新勢力」ショートドラマに注目

『流転の地球』の海外興行に参加した斉放娯楽（中国映画の国際配給の専門会社）の創始者である丁小寅氏は、中国のオンライン映画やショートドラマなど海外進出の「新勢力」に注目している。「良い内容であれば誰も拒否することはありません。ただ、劇場映画であれオンライン映画であれ、視聴者は良い内容に触れるルートと機会がないだけなのです」丁小寅氏は中国のショートドラマについて、インターネットの思考に基づいて運営されており、話題のポイントを捉えるのが非常にうまいと語る。ショートドラマの海外展開はまだ初期段階にあるが、そのビジネスモデルは中国人が主導すると予測している。

斉放娯楽の創始者・丁小寅氏
写真／本人提供

横店影視城の円明新園

世界最大規模の撮影基地
横店影視城

横店影視城は世界最大規模の撮影基地であり、「中国のハリウッド」と呼ばれ、
国内の映画・ドラマのほとんどがここで撮影されている。
またここは映画・ドラマの世界への没入体験を楽しめる巨大リゾート地でもある。

文／陳芊芊　構成／『和華』編集部　写真／横店影視城

中国のハリウッド

横店影視城は中国の浙江
省金華市に位置し、60万平
方メートルを超える面積を
有し、2000余りの映画
ドラマ制作会社が長期滞在
しながら撮影をする巨大撮
影地である。
ここでは古装劇、時代劇、
現代劇など、実に2000
を超える映画・ドラマシ
ンが撮影されてきた。敷地
内には中国五千年の歴史を
跨ぐ30余りの大型ロケ地が
建設され、130余りの屋
内撮影スタジオが設置され
ている。累計4000を超
える国内外の撮影チームを
受け入れ、撮影した映画
ドラマ作品の数は8万話余
りに及ぶ。つまり、中国で
撮影されたドラマの3話の
うち2話は横店影視城で撮
影していることになる。
ただ撮影をするだけでな
く、訪れた人が映画・ドラ
マを体験でき、ショーを堪
能し、ホテルやプールに温
泉と、アクティビティーも
充実した一大巨大リゾート
地となっている。

SPOT1 明清宮苑

清宮ドラマが生まれる場所。明清宮苑は明清時代の宮廷建築手法を参考に、北京の故宮と 1:1 の比率で建設されている。影視城特有の建築方式で唐、宋、元などの時代の礼制を模倣するとともに、民国年間の建築様式に溶け込ませた。明清時代の燕京（えんけい。北京の古称）の様子をリアルに再現している。

ここで撮影された作品

映画：『金枝欲孽』『宮心計』『王妃の紋章』
ドラマ：『宮廷女官 若曦（ジャクギ）』、『宮 パレス ～時をかける宮女～』、『宮廷の諍い女』、『瓔珞〈エイラク〉～紫禁城に燃ゆる逆襲の王妃～』、『如懿伝（にょいでん）～紫禁城に散る宿命の王妃～』など。

SPOT2 秦王宮

秦王宮は 1997 年にチェン・カイコー（陳凱歌）監督の映画『始皇帝暗殺』の撮影のために建設された。大殿と各種側殿、楼閣、宮門を計 27 建設、城壁の周囲は約 2.5 キロ、最も高い場所では 18 メートルに達し、巨大な規模と複雑な形、周到な配置で有名である。

ここで撮影された作品

映画：『HERO』『ドラゴン・キングダム』『PROMISE』など。**ドラマ：**『尋秦記』、『漢武大帝』、『琅琊榜（ろうやぼう）～麒麟の才子、風雲起こす～』、『慶余年～麒麟児、現る～』、『ミーユエ 王朝を照らす月』など。

SPOT3 清明上河図

北宋の有名な画家、張択端の大作『清明上河図』をモデルにし、その風格は北宋時代の社会背景、民俗風習及び宋時代の古い建築物の特色を結合させたもので、映画・ドラマの撮影の需要に応じて建設された。

ここで撮影された作品

ドラマ：『仙剣奇侠伝』、『絶代双驕～マーベラス・ツインズ』、『射雕英雄伝』、『白髪魔女伝』、『古剣奇譚ー久遠の愛ー』陳情令』『花千骨（はなせんこつ）～舞い散る運命、永遠の誓い～』、『明蘭～才媛の春～』、『夢華録（むかろく）』など。

SPOT4 広州街・香港街

没入型映画・ドラマリゾート地。1996年に謝晋監督の『阿片戦争』の撮影に合わせて建設された横店影視城の発祥地であり、1840年前後の広州と香港の雰囲気を再現している。現在は現代劇の撮影時に大人気だ。

ここで撮影された作品

ドラマ：『潜伏』、『偽装者』、『老九門』、『麻雀』など。

上）夢幻バレー　下）左から夢泉バレー温泉リゾート、夢外灘リゾート、円明新園

中国最大規模の巨大リゾート地

横店影視城は「映画・ドラマの巨大リゾート地」という新しいブランドイメージを作ることに力を入れている。

かつての横店影視城は単純に観光客に映画・ドラマの文化を見せる場所だった。現在は複合型観光地へと転換して、観光客はまるで実際に映画・ドラマの中に入ったかのように、食べて、宿泊して、遊んで、買い物ができる体験リゾート地となっている。

ここは、新たな体験リゾート地として「夢幻バレー」、「夢泉バレー温泉リゾート」、「夢外灘リゾート」、「円明新園」など四つのエリアからなっている。

「夢幻バレー」は夢文化村と児童夢工場、江南水郷、水世界、夢幻イルカ湾など五つのエリアから構成されており、「暴雨山洪劇場」と「夢幻太極劇場」がある。それぞれの劇場名が演目となった夜の大型野外ショーが行われ、「暴雨山洪」は稲妻や豪雨、洪水などの自然現象を表現し、観客は没入体験を味わえる。様々な娯楽施設とイベントが組み合わされた大型体験エリアである。

「夢泉バレー温泉リゾート」は山に囲まれ水を抱き、温泉と保養、プール、自然観光が集まった大型健康レジャーリゾートエリア。親子のレジャーや各種セレモニーイベントに適している。

「夢外灘リゾート」は1920〜40年代の古い上海をモデルにしており、映画・ドラマ撮影サービス、観光レジャーリゾートホテル、総合サービスが一体となった映画のテーマパークある。

「円明新園」は研究と学問の実践教育基地である。1対1の割合で北京の円明園の84％の建築群を復元し、円明園の最盛期の神髄を汲み取って新たに建築した。西洋の造園芸術を元に中華文化と世界の多元的な文化を融合させた文化の楽園である。

「映画・ドラマ文化＋」で没入体験の世界へ

上）ショートドラマの撮影現場　下）左から水舞ショー「ブロードウェイ」、衣装に着替えて俳優体験、映画の中へ入り込んだかのような没入型のショー

映画・ドラマをより身近に感じさせる観光体験

中国全体の文化・観光産業の転換とアップグレードに直面して、横店影視城は「映画・ドラマ文化＋」を戦略として定めている。映画・ドラマ文化と多様な娯楽レジャー業態の融合を推進して文化と観光の大消費システムを構築した。

文化と観光の融合を積極的に模索した上で、横店影視城は「映画・ドラマ文化＋グルメ」、「映画・ドラマ文化＋娯楽」、「映画・ドラマ文化＋ショートムービー」など新たな観光形態を積極的に打ち出し、全面的な没入型の消費スタイルを作り出した。

横店影視城は各エリアのソフト商品を絶えずアップグレードし、観光客は建物や公演を見るだけでなく、遊ぶこともできるように工夫されている。

例えば、俳優を体験したい場合は、無料でエキストラ体験に申し込むことができる。20人余りの俳優と一緒に衣装に着替えて髪型を整え、芝居に参加できる。また、後宮でのし上がる体験をすることもできる。自ら「宮女」から一歩ずつ「皇妃」に昇進し、「宮廷の闘争劇」のキャラクターに変身……。映画・ドラマ撮影の各段階で物語に入り込み、撮影技術を体験することができ、撮影の背後の物語を繙くことができる。

また、横店影視城はパレード式の没入型ショーも推し進めており、観客は名作映画・ドラマの物語を至近距離で感じることができる。観光客は観客であると同時に俳優にもなれる。このような没入体験は、横店影視城の各エリアで徐々に広がっている。

また中国では近年、1話十数分のショートドラマが急成長しているが、横店影視城では昨年1年間で1000本以上のショートドラマが撮影されている。これらのショートドラマはアプリで

左）『公主大婚（原題）』の撮影現場　右）上からグリーンバックを使った撮影体験、ショートドラマの撮影現場、エキストラの撮影体験

配信されるもので、1話1〜2分、100話でひとつのドラマとなり、映画1本分の長さに相当する。7日ほどで撮影を終え、準備やポストプロダクションを加えて2ヶ月で配信される。

目下、横店影視城の華夏文化パークでは毎日ショートドラマの5、6チームが撮影をしており、横店影視城は様々な利便性を提供している。パソコンが「横スクリーン」で見るのに対してスマホでは「縦スクリーン」で見るため、しばしば「縦型」と「横型」などと表現されるが、今の横店は「縦」店になったという人もいる。

常に革新を続ける

そして横店影視城のホテルは、テーマ性のあるものへ変貌を遂げている。観光客はただ食事と宿泊をするだけでなく、遊ぶこともできる。「広州街・香港街」は横店影視城の始まりの地であり、転換とアップグレードの起点でもある。エリア内の空き部屋を十分に活用し、映画・ドラマをテーマにしたホテルが開発されている。

泊まって「ドラマ体験」をするだけでなく、さらに遊んで「ドラマ体験」をする。ホテルは横店影視城で撮影を体験したい観光客のために「モンタージュ映画ツアー」を作った。俳優のキャスティングオーディションからクランクイン、現場撮影、クランクアップ、授賞式まで、観光客に全面的な体験を提供している。幸運な観光客はスター気分を味わうこともでき、発売されるやすぐに大人気となった。

横店影視城は、こういった文化的な創意工夫だけでなく、ハイテク視聴技術を使った公演プログラムも打ち出している。例えば水舞ショー「ブロードウェイ」や球幕映画館の「帝国江山」、カプセルスクリーン番組「生死救助」などである。

これらの取り組みは映画・ドラマと観光の無限の可能性を探るものである。これからも横店影視城は新しい技術、革新的アイデア、新たな表現によって映画・ドラマ文化をより身近に感じさせる試みを続けていくだろう。

荘厳な建物も施設もすべてスタジオ

上）横店影視城では130余りの屋内スタジオを設置している　左下）本堂スタジオ　右下）室内スタジオ

ハイテク技術の撮影も導入している

多くの人が横店影視城は時代劇撮影の「宝箱」と考えているが、実はここではハイテク技術を使った撮影も行われている。

総投資額30億元をかけて建設された横店影視城の中にある文化産業パークには、20余りのハイテクスタジオでの撮影が盛んに行われている。また、「スタジオの屋上でソーラー発電、スタジオ内で撮影」「5Gネットワークフルカバー」、「プリプロダクション」「バーチャル撮影」などハイテクでエコな撮影を実践している。LEDデジタルスタジオが建設され、臨場感あふれるバーチャルシミュレーションシーンを作り、XRバーチャル制作を行う。

「仙侠劇や古装劇、現代劇などの異なる題材、異なる時代の映画・ドラマのロケは、バーチャル撮影技術を通じてすべてスタジオの中で実現でき、スタジオから出ることなく古今東西を撮影することができると言えます」と同基地の関係者は紹介した。

SFドラマ『三体』も横店影視城で撮影されたことを知る人は少ないかもしれない。楊磊監督はあるインタビューで、『三体』を撮ることを決めたとき、SF映画を撮ると言ってまさか横店で撮影できるとは夢にも思わなかったそう。最終的に『三体』は少なくとも横店で60%のシーンを撮影したという。

俳優を目指す「横漂」の登録者数は13万人超え

横店影視城は多くの普通の人が「俳優の夢」を実現する場所でもある。そのため、横店でエキストラをしながら俳優になる夢を追う人を指す「横漂」族なる一群が現れた。そして横店影視城は2003年に俳優組合を設立し、「横漂」族に安定した働く場を与えたのである。

左上）横店影視城では中国で最も多くのエキストラが登録されている　左下）スタジオにはピアノもある　右）映画『長征２号』の撮影で使われたスタジオの内観

統計によると、現在横店影視城俳優組合に登録されている「横漂」俳優の数は13万人を超え、そのうち常駐して撮影している人は1万人近くに達している。組合は俳優のために、俳優通行証の登録手続き、統一されたプラットフォームへの登録、給料の代行などのサービスを提供している。

人材の「シリコンバレー」を目指して

横店影視城は映画・ドラマ撮影チームに各ランクのホテルやシーン撮影などのサービスを提供するだけでなく、大量のエキストラや特約俳優、アクション俳優、そして経験豊富な技術スタッフや撮影スタッフ、他様々な作業をサポートする人員を推薦することができ、さらに各種機材、美術道具、衣装、車両、馬のレンタルサービスも行っている。豊富な撮影スタジオをだけでなく、衣装やメイク、撮影、照明、美術道具などを含む専門性を持ったチームが撮影をバックアップできるのだ。

このようなチームの助けによって、制作会社はデジタル化された設備で「タイムスリップ」の撮影を実現し、多くのシーンを撮影し、大幅に時間と制作コストを削減することができる。また、バーチャル撮影技術を応用することで天気、時間、場所などの制約を突破し、制作計画をより柔軟かつ効率的にすることも可能。

横店グループの徐天福副総裁は「中国五千年の文明と西洋の雰囲気は、すべて横店でシーンを見つけることができ、ハイテク設備とポストプロダクションが横店で融合し続け、世界の映画・ドラマ人材が横店に集まります」と期待を述べ、「中国の映画・ドラマ人材の『シリコンバレー』を作りたい」と将来の抱負を語った。

横店グループ副総裁・徐天福氏

中国最先端のハイテク撮影地

青島東方影都

2024年3月21日、中国のSF作家・劉慈欣氏の作品『三体』のNetflix版ドラマが配信されるや世界的に話題の的となった。偶然にも3月22日には『流転の地球2』が日本で劇場公開され、日本の観客だけでなく全世界の映画愛好家が中国で製作したSF映画に衝撃を受けた。青島東方影都は、まさにその撮影地となった場所である。

文／陳芊　構成／『和華』編集部　写真／青島東方影都

帰ってきた『流転の地球』

『流転の地球』から4年、『流転の地球2』は再び青島東方影都の撮影地に戻ってきた。作品は、青島東方影都のバーチャル制作プラットフォームシステムを利用して、全編にわたる脚本リハーサルを行い、2ヶ月余りで撮影を終了した。

青島東方影都は紺碧の海と緑あふれる山に囲まれた現代的な映画工業パークで、世界と繋がるハイテク製作技術を有している。総敷地面積は170万平方メートル、1000平方メートルから1万平方メートルまでの40個の専門スタジオがあり、映画、ドラマ、バラエティー、広告など様々な撮影の需要に対応している。

スタジオの周囲には木工作業やスプレー吹きつけなどができる32の作業場が建設されており、撮影チームが作業しやすいように完備してある。また、敷地内には恒温機能をもつ水中スタジオと世界最大の屋外撮影用プールが設けられ、全プロセスの製作ができるデジタル動画センター、そしてモーションキャプチャーや3Dスキャン、脚本リハーサルに使用できるバーチャル制作プラットフォームがある。

総合ロビーには「監督の壁」が展示されている。郭帆、ウー・アルシャン、寧浩、張吃魚など、ここで映画を撮影した監督の写真が飾られている。「撮影地は監督たちの『夢が始まる場所』であり、最新な技術は彼らの自由な創造力を実現する助けとなります」と青島東方影都産業控股集団代表の孫恒勤氏は話す。

『流転の地球』シリーズの監督・郭帆氏の話では「創作チームが自由に発想を広げて、製作チームはそれを実現する。ですが、工業化というフローがなければ、私たちの考えを実現するのは難しいのです」

青島東方影都産業控股集団
代表・孫恒勤氏

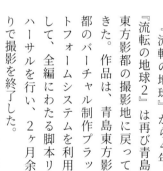

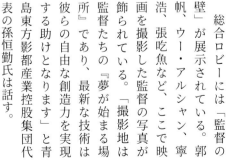

『流転の地球 2』は中国では 2023 年の春節に公開され、日本でも今年の 3 月 22 日に上映された

青島東方影都全景

『流転の地球２』のモーションキャプチャーを使った撮影現場

最新鋭のスタジオでSFシーンを撮影

２０１７年当時、青島東方影都はまだ全部が完成していたわけではなかった。『流転の地球』の撮影チームは真っ先に当時中国で最も先進的だったこのスタジオを使った。撮影には八つのスタジオを使用し、セットの面積は約10万平方メートル。多くの美術道具は手作りの木彫りや切り貼りで完成させた。例えば、宇宙服のような衣装も決して量産できるものではなかった。

　しかし、２０２１年の『流転の地球２』撮影時には17のスタジオを使用し、１０２のSFのメインシーンが撮影され、撮影面積は１００万平方メートルに及んだ。『流転の地球２』の撮影では、壮大な場面は基本的に実際の景色と特殊効果が組み合わされている。「スタジオ内には一部のシーンだけが建設され、飛行機で空中から俯瞰する戦闘画面では、飛行機と俳優を除いてすべてグリーンスクリーンで撮影し、後で特殊効果を使って完成させます」と説明するのは、同社の企業誘致マネージャーの高勇慧氏だ。

　『流転の地球２』に出てくるUEG基地は青島流亭国際空港で撮影され、それ以外は基本的に青島東方影都のスタジオで撮影された。宇宙エレベーター、UEG連合政府大会の会場、水中の北京インターネットセンターなども含まれる。

　「青島東方影都は最初、イギリスのパインウッド・スタジオに企画設計を依頼しました。海外で主流のデザイン性と機能性を備えたスタジオを土台として、さらにアップグレードさせたのです。水中スタジオや屋外プールは当時アジア最大のものでした」と孫恒勤氏は紹介する。

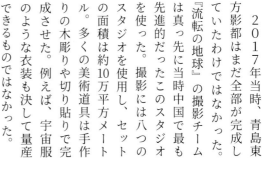

撮影チームと「共に食べて共に寝る」

　ここでは、食事や宿泊、移動用車両、設備や器材のレンタル、エキストラのサービスなど、撮影と生活の両面の保障が提供されてい

上）世界最大１万平方メートルのスタジオ　左下）スタジオ内部の様子　右下）『流転の地球 2』のバーチャル撮影現場

た。それにしても時に大きなプレッシャーに直面することもある。

例えば『流転の地球２』の撮影では、常に千人を超える規模のシーンがあり、大量の外国人エキストラが必要になった。スタッフは撮影経験のある外国人をほぼ全員募集して、青島に連れてきて撮影した。

「コロナが深刻だったとき、私たち撮影チームの運転手や制作エリアで働く同僚は、撮影チームの人たちと一緒に食事をして一緒に寝て、家に帰ることができませんでした」と高勇慧氏は振り返る。こうした苦労は、映画が上映されて国内外で大ヒットした瞬間に消え去った。

『流転の地球2』に隠されたハイテク技術

「青島東方影都の発展はちょうど中国の大規模な映画製作という大切な節目に重なりました」。孫恒勤氏は、今年、青島東方影都と阿里大文娯集団が共同で建設した幀享デジタルスタジオに、より高性能のLEDバーチャル撮影技術を導入する見込みだと明かした。

『流転の地球２』では、特殊効果を使ったシーンは３０００余りに上り、その技術の応用も熟達していったため、視覚効果も中国式SFの大きな魅力となっている。第1作目のときにはまだバーチャル制作の仕組みはできていなかったが、第2作目ではスキャニングやモーションキャプチャー、バーチャル撮影という3段階を全てここで実現することができたと孫恒勤氏は紹介した。

『流転の地球２』はまず2ヶ月かけて、青島東方影都のバーチャル制作プラットフォームで全体の撮影を完了させた。このプレ撮影は非常に小さな撮影空間で行われ、俳優はマークされたポイント付きのアクションキャプチャースーツを着る。カメラはリアルタイムにその運動情報を計算し、キャラクターの骨格アニメーションを生成するのだ。

それを仮想エンジンに転送し、撮影チームは「変身」

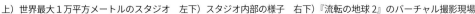

後の俳優とシーンが一緒に映像化された画面を見ることができる。文字とラフ画だった脚本を可視化するのがプレ撮影というわけである。

『流転の地球2』のプロデューサーであり脚本家の龔格尔氏は、「これはより効果的で、より正確です」と述べた。

圧巻の宇宙エレベーター

劇中に出てくる「宇宙エレベーター」は秀逸だ。このエレベーターは巨大な炎をあげて真っ直ぐに上昇し、真っ暗な宇宙に飛び出す。リズミカルで力強い音楽に合わせ、レンズはエレベーター発射の軌跡を追いかけてひたすら宇宙へ向かっていく。そしてレンズは巨大で精巧な環状の宇宙建築をしっかりと捉えるのだ。

撮影チームによれば、このシーンは物理的な特殊効果とデジタル特殊効果によって実現したという。宇宙エレベーターの急速な昇降を撮影するために、光と影を全体設計し、常にコントロールする必要がある。

具体的には、前段階では撮影時に実体照明の造形デザインと現場照明アレイＤＭＸ（データマルチ変換）のコントロールと調整が必要で、アフターエフェクトではデジタル画面と合成技術の保護が必要。その中でのバーチャルシーンの光影効果の融合は想像以上に難しい。

「ＳＦ映画は規模が非常に大きいため、現実生活で適切な景色を見つけるのは難しいです。そこでスタジオ撮影と科学技術が鍵になります」と孫恒勤氏は語る。

『流転の地球２』の撮影現場には、常に加工できる作業場が待機しており、一つひとつの小道具、一シーン一シーンを丁寧に作り上げている。劇中に出てくる月面車両や宇宙船コックピットなどの道具は現在、青島東方影都の３号スタジオに保管されている。

孫恒勤氏の紹介によれば、これらの道具は細部に非常にこだわっている。視聴者が実際に見えない道具の銘板（製品名や製造番号などを彫り込んだプレート）すら、エッチングされた文字

左）影眸科技が開発した技術が大活躍　右）最新技術によって顔のマテリアルを超高速かつ高精度でスキャン

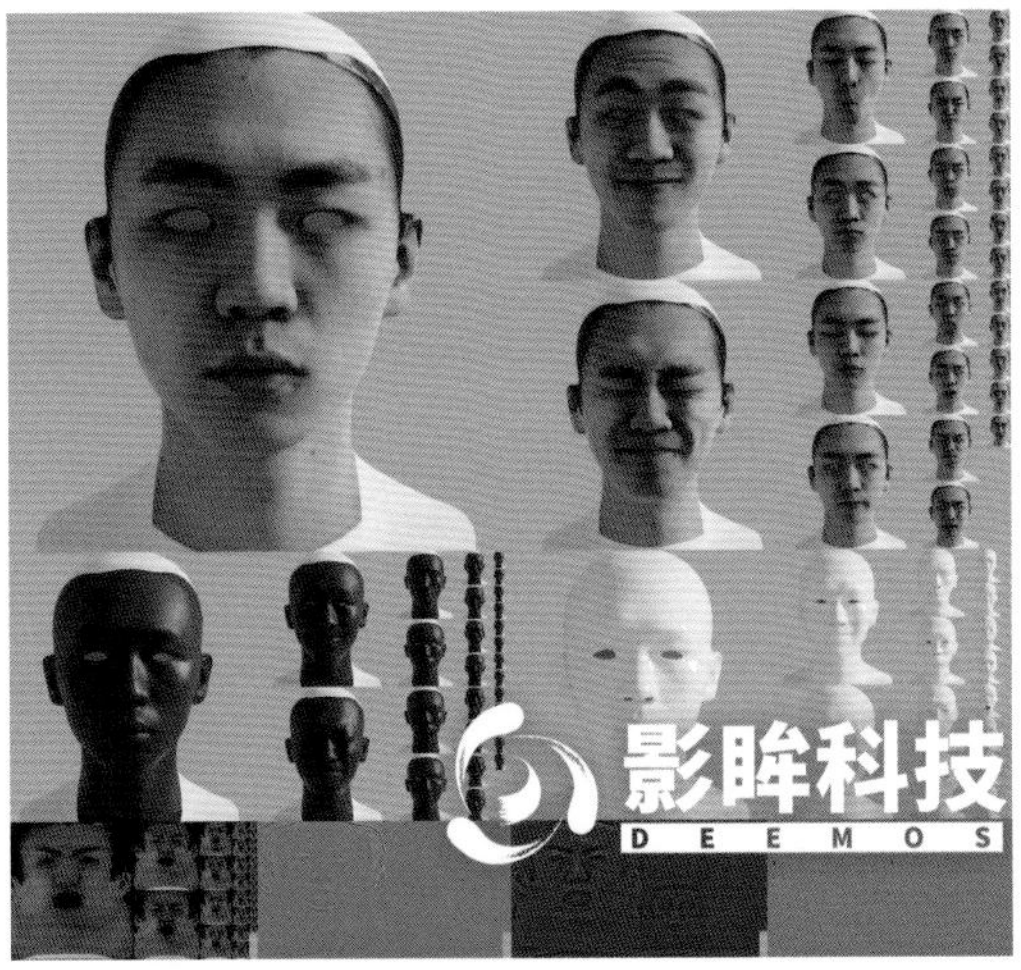

は精巧にデザインされ、各製造番号には根拠があり、道具のプロが見ても遜色がないはずだ。

恒温技術を備えた水中スタジオでの撮影

また劇中、アンディ・ラウを演じる図恒宇《トゥ・ヘンユー》が深海に潜り、インターネットサーバーに接続するシーンが印象深い。このシーンはまさに青島東方影都の水中スタジオで撮影された。スタッフによれば、俳優たちは身体的・心理的プレッシャーを克服し、プロフェッショナルとして撮影を遂行したという。水中スタジオは恒温技術（32度を維持できる）、四壁と底に固定景片が設置された錨、紫外線消毒殺菌システムなど、撮影に便利で快適、安全な環境を提供している。

科学技術によって夢を実現する

中国の映画史上、『流転の地球2』は初めて全編バーチャル撮影を行い、脚本をプレ撮影した中国映画であるとともに、クラウド5Gのメディアデータ管理と現場撮影との生中継を実現した唯一のSF映画である。

映画の中にはニューヨークやアイスランドなど海外で撮影されたシーンがある。5Gとクラウド伝送技術によって、撮影チームは青島東方影都のスタジオにいながらリアルタイムで海外撮影チームと結んで撮影を操作し、あたかも現場で撮影したように見せることで制作コストと日程を大幅に節約した。

『流転の地球』シリーズが「中国のSF映画元年」を切り拓いてから、中国ドラマ版『三体』や『月で始まるソロライフ』などのSF映画作品も現れ、SF映画・ドラマの創作ブームを巻き起こした。ハイテク技術によって中国のSFシーンを新たな高みに押し上げたのだ。孫恒勤氏は「科学技術の革新が中国の『SF大作』という夢を現実にしたのです」と感慨深くまとめた。

左）アジア一大きな室内恒温水槽　右）スタジオ内では多くの国の撮影チームがリアルタイムで繋がっていた

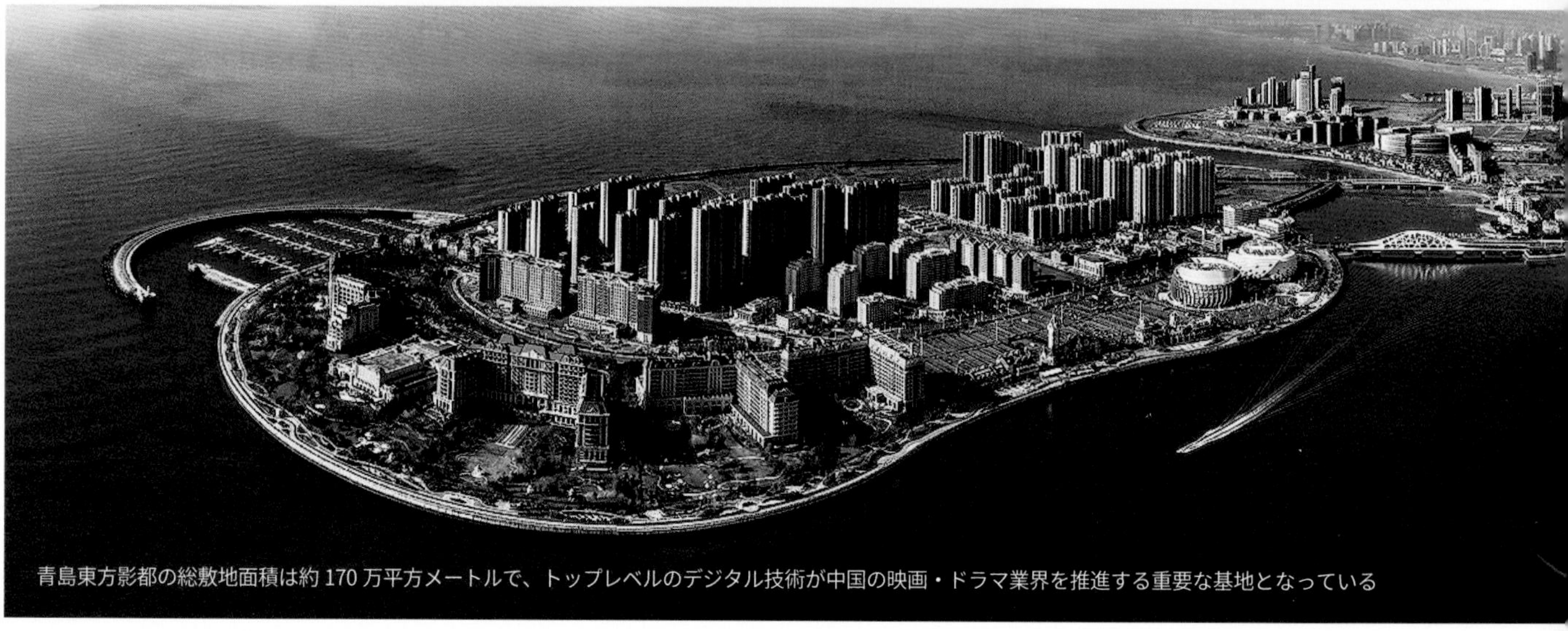

青島東方影都の総敷地面積は約 170 万平方メートルで、トップレベルのデジタル技術が中国の映画・ドラマ業界を推進する重要な基地となっている

ここまで進化した！中国の特殊効果技術

ゲームクリエイターとして知られる小島秀夫氏が『流転の地球2』を見て、「期待を完全に超えてきた」と絶賛。同作は人の心を打つストーリーというだけでなく、その突出した技術によって未来の科学技術を見事に表現している。中国の特殊効果の技術はどこまで進化したのかを見てみよう。

文／陽子、林芸、李一亮　構成／『和華』編集部　写真／青島東方影都

青島東方影都に設置された「ドーム光陽」システム

「中国式美意識＋現代科学技術」

『流転の地球』や『三体』などの未来のシーンの描写は中国の映画・ドラマ制作技術が未来の科学技術を表現できることを示している。一方、映画・テレビ制作において、中国文化の特色が表れたシーンを再現することも中国の映像制作技術における特徴の一つである。

　アニメ映画『深海』では、制作チームは「粒子水墨」という独自のスタイルを生み出し、白を残して描く水墨と具体的で写実的な3次元イノベーションを結び付けることで中国絵画の伝統的な色彩と西洋印象派の美術を融合させ、幻想的な深海の世界を醸し出した。

　もう一つのアニメ映画『長安三万里』では、制作チームが精緻なモデリングとレンダリング技術によって古代の長安のにぎやかな光景を再現した。また同じ制作スタジオによる『新封神演義・楊戩《ようせん》』ではさらに、蓬莱仙境を夢か幻のような絢爛で目を奪われる世界に作り上げた。これらのシーンは驚くべき視覚効果で、細部の処理によって中国文化の神髄を余すところなく表現している。

　自然風景の演出においても、中国の映画・ドラマ制作は高度な技術を見せている。映画『封神第一部：

『封神』3部作の撮影セットの現場。写真／中国新聞社

朝歌風雲』では、製作陣が1万平米の超巨大スタジオの中に墨脱（メトク。チベット自治区の南東部にある県）の原生林の壮大な風景を再現し、観客をまるでその神秘的な土地にいるかのように錯覚させた。

長年映画美術の指導に携わってきた李大鵬氏によれば、中国の映画・ドラマはこれによって「中国式美意識＋現代科学技術」国際化の方向に向けて急速に発展している。

存在しない「道」を全て「造る」

仙侠ドラマでも、映画・ドラマ制作チームは文化的な優位性を十分に発揮し、独特な仙術特殊効果を作り上げた。SNSでは、「#『長月燼明（原題）』の特殊効果は1000分」「#『十二神隕落』の特殊効果が爆発！」などの投稿がドラマ『長月燼明』の放送後の検索ランキングを賑わせている。最先端の技術と設備により、高精細化されたレンズを出力し、『長月燼明』に極めて高い視覚効果と観賞性を見せている。

神魔大戦を例にとると、特殊効果によって主人公を強くし、戦場を席巻する効果を作り出し、レタリングで戦争の壮大な風景と人の海を際立たせた上に多層的に折り重なった雲の相互作用で変化の激しい戦闘場面を作り上げた。

また、年代を感じさせる街並みづくりでも、中国の映画・ドラマ制作はずば抜けた実力を表している。例えばドラマ『繁花』の「黄河路」だが、この「道」は実は2020年に取り壊されており、周辺の街並みもとっくに様変わりしている。ではこの「黄河路」はどうやって撮影したのだろうか？ 制作チームはLEDバーチャル撮影技術（XR）を利用し、1990年代の「黄河路」を作り上げることに成功し、年代感あふれる上海を作り上げた。

バーチャル制作スタジオでは、撮影する背景にあるのは実際の景色でもグリーンスクリーンでもなく、LEDスクリーンの画面だ。これらの画面は写実的であったり、幻想的であったり、映像制作者のニーズに応じて、いかなるシーンも映し出すことができる。

カンガルー5000万本の毛と俳優たちの「若返り」

「存在しない」シーン以外にも、表情などの細かな部分にも複雑な特殊効果の制作技術によって実現したものがある。映画やドラマの中の霊獣の多くはCGの特殊効果で制作されている。

『花千骨《はなせんこつ》～舞い散る運命、永遠の

『流転の地球 2』では最新技術を使ってウー・ジンとアンディ・ラウの顔を若返らせた

誓い』でヒロインの相棒となる糖宝（最初は霊虫で、途中から人間の姿になる）、『モンスター・ハント』の胡巴《フーバ》、『陳情令』の温家大黒犬、『玉骨遥《ぎょっこつよう》』の神龍……。これらの霊獣の毛、皮膚、動作などはすべて特殊効果技術によって再現する必要があった。

『月から始まるソロライフ』のカンガルーの場合、その皮膚の毛穴の作成は世界的難題だ。制作チームはCGデジタル特殊効果技術により、材質とレイトレーシングパラメーターを絶えず修正し、最終的にカンガルーに約５０００万本の毛髪を作った。

毛髪は皮膚の上の一層だけではなく、筋肉や毛穴の動き、毛髪の動きの流れ、さらにカンガルーの呼吸感まで細部にわたって特殊効果技術によってシミュレーションされた。１コマにつき20時間をかけてレタリングし、全編合わせて６００人以上が特殊効果シーンの制作に関わった。

また、『封神』に登場する「雷震子」や「九尾狐」など、中国の神話や伝説に登場する神獣には、人工知能（ＡＩ）モーションキャプチャー技術を採用した。この技術は、人間の俳優の動きや表情を捉え、それを特殊効果のキャラクターに応用することで、神獣たちがリアルな動きや表情を見せることを可能にしている。

神獣を「造る」だけでなく、人に「手術を施す」こともできる。『流転の地球２』の物語の登場人物の年齢は第1作よりも若く、ウー・ジンとアンディ・ラウの「若返り」効果はＡＩアルゴリズムに基づいて実現された。

人の顔を若返らせる技術チームのやり方は、俳優のウー・ジンの若い頃の演技素材を手に入れ、ＡＩモデルは５００万回余り反復した後、ウー・ジンの比較的老けた姿を若い姿に変えることを学んだ。アンディ・ラウの「若返り」では、郭帆監督が望んだのはアンディ・ラウの若い頃の姿ではなく、観客の理解に寄り添った若い姿だった。アンディ・ラウの単独ショットについて、スタッフはまずＡＩ技術で基礎的な若返りの処理を行い、さらに大量の手作業による修復で最終的な「若返り」効果を演出した。映画全体で、この映画の制作チームは１０００余りの顔の特殊効果を制作した。郭帆監督は「最も難しい特殊効果は人の顔を作ることだ」と率直に漏らしている。

『流転の地球２』の撮影終了後、青島東方影都は超高精度の顔スキャンシステム「ドーム光陽」を導入し、この難題を解決した。１４８台の高速同期光源および映像レベルのカメラディスプレイシステムを搭載し、高速度・高精度で人体の顔をサブミクロンレベルの細部までデータ収集し、表情の変化の中の微細な筋肉の動きを捉え、毛穴やテクスチャーに至るまで緻密な超写実デジタル顔モデルを自動的に出力する。俳優の外見を若返らせたり、老けさせたりするだけでなく、さまざまな演技内容を完成させることができ、デジタル顔モデルの制作効率を大幅に高めている。

「ＡＩ俳優」は実写俳優と見分けがつかない？

作品によっては、役を若返らせるのではなく、根本から「俳優」を作り出すこともある。あるネットユーザーが弾幕（動画共有サイトで画面上を流れるコメント）に「えっ？　二壮がＡＩ俳優？　リアルすぎる！」とつぶやいた二壮とは、最近放送中の漫画『異人之下』のキャラクターだ。

このキャラクターは原作小説では脳波を使って外界と交流するため、従来の特殊効果技術の代わりにデジタル人間を使用した。外見上の超写実的な効果だけでなく、演技でも視聴者から認められ、実写

2023 年 7 月 8 日、上海 2023 世界人工知能大会の期間中、AIGC モデルはきらびやかなスターになり、この技術の発展は AI ロボット、デジタル人間、バーチャルキャスターをより賢く効率的にした。写真／ CNSphoto

ドラマに出演した初の超写実デジタル人間となった。

実は「二壮」は初めてのＡＩスターではない。世界初のバーチャルシンガー林明美が日本で誕生し、その後、初音ミクや中国の洛天依などの二次元バーチャルシンガーも徐々に頭角を現した。近年、中国の各映画・ドラマプラットフォームも超写実的な人間イメージに向けて発展し始めている。

これらのデジタル人間俳優は見た目がリアルなだけでなく、ＡＩ技術により複雑な表情や動作を実現し、観客はそれが本物の俳優かどうか見分けがつかなくなっている。俳優を「造る」だけでなく、ＡＩがいくつかの単語やセンテンスだけで一つの作品を生成することができることについては、ＡＩＧＣ生成式ＡＩに言及しなければならない。今年2月、中国初の動画生成ＡＩアニメ『千秋の詩詠』が放送された。ＡＩ技術を使って詩を水墨画風のアニメにしたものだ。その後、中国初の全プロセスＡＩによるショートドラマ『中国神話』もリリースされた。

ＡＩＧＣの核心は、人間の創造力をシミュレートし、複雑なニューラルネットワークモデルによって大量のデータを分析・学習することで、一貫性のある論理的で大規模なコンテンツを自動生成できる点にある。ショートドラマの創作においては、これはつまり脚本の下書き、キャラクターの会話、プロットの概要を迅速に作成できることを意味し、制作効率を大幅に向上させることができる。

今後、ＡＩはより多くの分野で重要な役割を果たすだろう。ＡＩが脚本を書くこともシーンを描くことも俳優になることもできるのだとしたら、果たして人間は必要なのだろうか？　現在、芸術の創作と技術の合成の間にある最大の違いは、与えられる指示とパスワードである。

ＡＩ技術は人間による素材の確認に大きく依存している。つまり、技術は芸術生産の仕事の一部を代替することができるが、人間の脳の創造性の代わりにはならない。特に芸術創作の分野では、パスワードやロジックは人間に委ねられている。良い作品には派手な映像や迫力ある特殊効果だけでなく、人の心に深く入り込み、考えさせられる物語が必要だ。それは人間性の探求や歴史の遡及でもよいし、未来への展望でもよい。それらの物語はやはり人間の頭の中から生み出されるのだ。「良いチーム＋良い技術＋良いストーリー」、それが中国映画・ドラマの未来かもしれない。

華流の映像美をつくる「服化道」の舞台裏

服飾　化粧／髪型　道具

文／趙珏、聶之新、趙静、陳慧　構成／『和華』編集部

『宮廷の諍い女』『瓔珞《エイラク》〜紫禁城に燃ゆる逆襲の王妃〜』（以下、『瓔珞《エイラク》』）『夢華録《むかろく》』……。これら日本の観客を魅了する中国古装ドラマの中で、耽美なシーン、華やかな衣装、個性に溢れる人物……すべての舞台裏には「服化道」（服装、化粧／髪型、道具）を精巧に作る仕事人がいた。

歓娯影視文化博物館内の唐の時代エリアに展示されている『大唐流流〜宮廷を支えた若き女官』の衣装（左から女性の花嫁衣装、女性の絞り染め普段着、２着とも男性の普段着）
写真／東陽歓娯影視文化有限公司

服　中国の伝統的服飾美学はほかの追随を許さない

「服化道」はその名の通り、服飾、化粧／髪型、道具をあらわす。経済の発展、文化的意識の高まり、映画・ドラマの同質化傾向と視聴者の評価基準の厳格化に伴い、現在中国では「服化道」に従事する者はもはやただ「美」という一文字を追求するだけではない。彼らは歴史典籍をめくり、古代の壁画を参照し、さらに無形文化遺産の技術まで使いこなす。「服化道」を通じてリアルに歴史を再現しているのだ。

日本で大ヒットした『瓔珞《エイラク》』で富察《フチャ》皇后が洛神に扮して舞うときの衣装は台北故宮博物館が収蔵する元代の『洛神図』を参考にしたものである。また、吉服は「緙糸石青地八団竜棉掛」を、高貴妃《こうきひ》の真珠雲肩は西太后の写真を、選秀の日に着ているものは「石青紗綴繍八団夔鳳紋女単掛」を参考にしたという。そして、純妃《じゅんひ》が日常的に着る黄色い服は、乾隆時代の「黄色折枝花蝶紋粧花緞衣料」とそっくり同じである。

同ドラマのスタイリング指導をした宋暁濤氏は、「劇中の乾隆帝の緑色の衣装を完成させるのに約半年かかり、20センチに満たない竜の頭の模様には伝統的な『京繍（別名「宮繍」、北京地域を中心とする漢族の伝統的刺繍工芸）』の四つの刺繍法を使って皇帝の高貴さを表しました」と説明した。

２００５年のドラマ『歓

『玉楼春～君に詠むロマンス～』の中で使われている衣装 写真／東陽歓娯影視文化有限公司

天喜地七仙女（原題）』の衣装スタイリングやメイクを担当した陳敬冉氏は、「古代の人が制作した美しい衣装には驚嘆させられます。その高度な技術は普通、想像すらできません」と話す。

陳敬冉氏からすれば、中国古代の美意識には無限の広がりがあり、伝統美学を深く掘り下げればその奥深さは無尽蔵だ。盛唐時代のおっとりした美しさにせよ、宋時代の美学の典雅さにせよ、いずれも中国美学の神髄を体現している。

スタイリストの陳敏正氏は、２０２２年第24回北京冬季オリンピックの開会式の衣装デザインを担当した。また、彼は１００余りの中国の映画・ドラマ作品の「服化」デザインに参加している。映画・ドラマのスタイリング業界で40年余り活躍してきた陳敏正氏は、１９８０年代初頭のドラマ『水滸伝』や『宮廷の諍い女』『蒼穹の昴』『影』など多くの名作を担当した。半世紀に及ぶ中国の映画・ドラマ業界の発展をその目で見てきたのだ。

陳敏正氏は「良い映画・ドラマ作品の表現には、70%の歴史的真実味、20%の映画のオリジナリティー、10%の俳優イメージの表現が必要です」と語った。彼はより多くの「中国風」作品を作り、視聴者の中国伝統美学と創意工夫にあふれたデザインへの憧れを満足させたいと願っている。

中国のスタイリスト・陳敏正氏　写真／本人提供

中国のスタイリスト・陳敬冉氏　写真／本人提供

化　メイクと髪型の再現も厳格きわまりない

『長安二十四時』 ©Media Caravan International

服飾が厳格に再現されるとなると、化粧と髪飾りもその「厳格さ」に合わせてこそ、中国式美学に対する人々の想像を満足させることができる。

『長安二十四時』が放送されたとき、「唐朝の庶民はどうして濃い化粧をして外出しているのか？」ということが議論の的になった。これにはもちろん歴史に対する考証が不可欠だ。同ドラマのメイクを再現する仕事に関わった胡暁氏は、以下のように話した。

「古今東西の女性は美を愛し、お金があってもなくても綺麗に身支度する方法がありました。当時、お金持ちにはお金持ちの、お金のない人にはお金のない人の口紅の塗り方があり、今の口紅のように高いものも安いものもありました。古代人は高い鉛粉を使えずに米粉を使いました」

そして、中国古代の化粧は興味深いことに、今の化

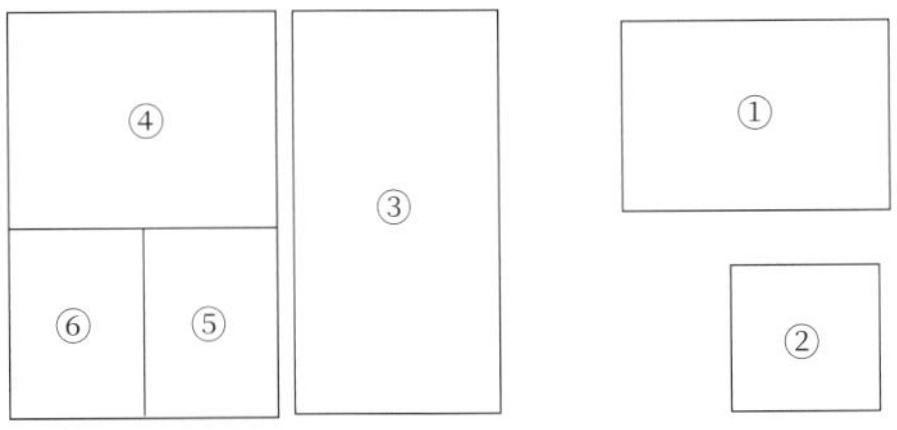

①『長安二十四時』 ©Media Caravan International
②インタビューを受ける陳敬冉氏（中国のスタイリスト） 写真 / 本人提供
③ドラマ『瓔珞〈エイラク〉』によって広く知られるようになった中国無形文化遺産の「絨花」 写真 / 東陽歓娯影視文化有限公司
④⑤⑥映画・ドラマの制作中にメイクと髪型を丁寧に仕上げている陳敬冉氏　写真 / 本人提供

粧より派手にしていたのだという。唐の時代には口紅の色の種類が割と多かったが、必ずしも同じ紅色ではなかった。中唐時代には黒い唇が流行し、唇に「烏膏《くろべに》」という黒い油を塗って黒紅に見せたという。

『長安二十四時』の唐朝の化粧が議論されると同時に、宋暁濤チームが『瓔珞《エイラク》』で再現した髪飾りも話題にのぼった。宮女、皇后はどうして頭に「多肉植物花」のように髪飾りを身につけているのか？

実はこのような装飾品は中国の無形文化遺産の「絨花《ロンホワ》」の一種であった。絨花は中国語の「栄華《ロンホウ》」と発音が同じで、「吉祥富貴」を意味し、早くも唐代には宮廷の献上品になっていた。『瓔珞《エイラク》』では、すべての絨花髪飾りは南京の絨花職人、趙樹憲氏と彼の弟子が故宮博物院館蔵の実物を参考にして一つ一つ手作りで作った。

また、かつては紫禁城でしか見られなかった「金のなる木」や「福寿三多」（石榴、桃、仏手柑《ブッシュカン》で、多男子、多寿、多福を表す）が、勤勉で倹約家で真珠や翡翠を好まなかった富察《フチャ》皇后の頭上に一つひとつ飾られていた。宮女たちも小さな絨花の髪飾りを身につけている。

髪を結い上げた髻《もとどり》そのものと言えば、『夢華録《むかろく》』でヒロインのリウ・イーフェイが演じた趙盼児《ちょうふんじ》の髪型に言及しなければならない。

最も注目されているのは趙盼児《ちょうふんじ》の「うさぎ」の髻である。この髪型を軽んじてはいけない。それはまさに『夢華録《むかろく》』の時代設定である宋代に流行した朝天髻だ。

朝天髻は、まず頭の上に髪を結い上げ、二つの円筒形の髻にしてから、それを前で交差させ、高さを出すため下にかんざしを敷く。山西晋祠聖母殿の宋代彩色人形にこのような髻があった。その流行は宋代だが、実は、五代から始まった。

こうして、中国の人気ドラマではメイクや髪型も歴史に基づいて、厳密に検証した上で再現されている。

② ①
③

①『瓔珞〈エイラク〉』で再現された盘金繍②同、点翠工芸③同、金糸　写真 / 東陽歓娯影視文化有限公司

道　超絶技巧な工芸や細工、料理法は千年前を見事に表す

映画やドラマのシーンの様々な小道具を巧みに生かすことによって、本物でもあり幻でもあり、完璧な趣のある古風な世界を作り出す。観客には、その場にいるような臨場感を与え、まるで1秒で「タイムスリップ」したかのようなリアルを感じさせる。

大人気となったドラマ『夢華録《むかろく》』では、小楫の軽舟や煙雨の江南から賑やかな汴京《べんけい》(現在の河南省開封)の闘茶やお香まで、千年前の宋の文化を随所に表している。劇中ではリウ・イーフェイ演じる趙盼児《ちょうふんじ》が茶屋を開く。そして趙盼児《ちょうふんじ》が煎茶を披露する「名シーン」があり、彼女が使う煎茶道具は史料を元に再現されているという。

「銚子《とっくり》は銀のものだと美味しいが、鉄器は渋い苦味がする」と趙盼児《ちょうふんじ》は言った。歴史上、宋の人の常識であることは確かである。しかし宋の人はお茶を注ぐのに銚子ではなく湯瓶《ゆわかし》を使った。つまり趙盼児《ちょうふんじ》が紫蘇飲子(冷まして飲む煎じ茶)を作ったようなものである。趙盼児《ちょうふんじ》は竹の茶杓を使って抹茶をすくって黒い杯の中に入れた。この濃い色の杯が主に建安(今の福建省の建陽)で生産された建盞《けんさん》(日本では天目茶碗と呼ばれる)である。濃い茶碗で茶色の白を強調することができる。北宋の闘茶が盛んになるに従って、建盞《けんさん》もそれに伴って高くあがめられるようになった。『夢華録《むかろく》』の制作チームが宋の歴史を深く研究していたことがわかる。

『瓔珞《エイラク》』を制作した東陽歓娯影視文化有限公司は、中国の美食に関するドラマ『尚食《しょうしょく》』も制作している。劇中では明の永楽年間、俳優シュー・カイ演じる皇太孫・朱瞻基《しゅせんき》が、ウー・ジンイエン演じる尚食局の女官・姚子衿《ようしきん》と出会い、美食をめぐる恋の物語が描かれている。制作側は明代の劉若愚

ドラマ『尚食(しょうしょく)』の劇中では歴史に基づいて、200品以上の名物料理を再現した。　写真 / 東陽歓娯影視文化有限公司

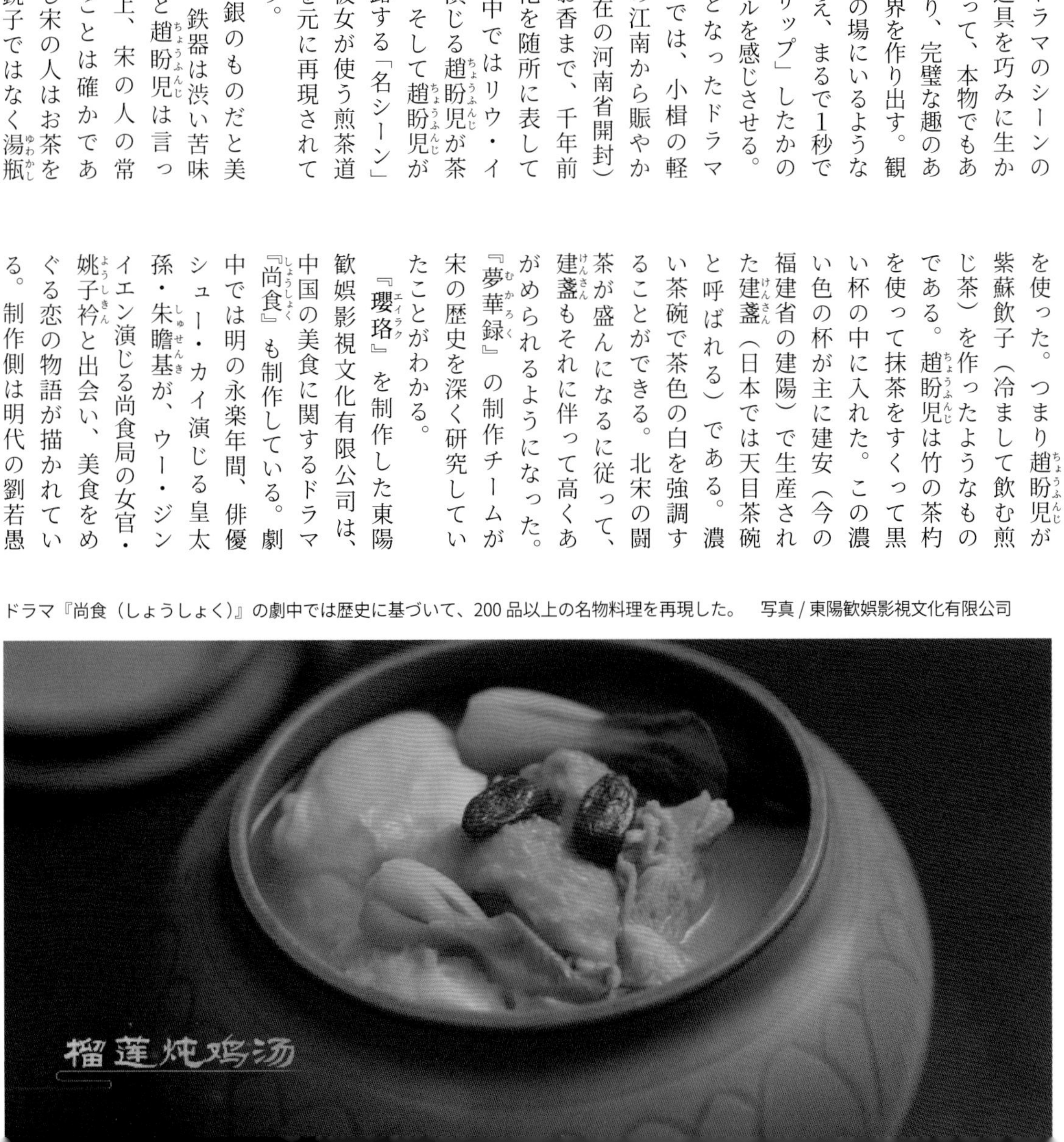

『瓔珞〈エイラク〉』に出てくる刺繍の機械　写真 / 東陽歓娯影視文化有限公司

が著した『酌中志』を考察し、その中で、明熹宗の食事にはハマグリ、エビ、田鶏、ナマコ、サメの筋、アワビ、肥えた鶏などの食材が含まれていた。

同社によると、制作に参加した常駐シェフは10人余りで、劇中の名物料理は200品余り、実際に作られた料理は千品以上に上る。器を美食にふさわしいものにするため、関連チームはわざわざ江西省や山西省などに赴いてオーダーメイドの古風な器を探したという。

また、韓国と日本に相次いで進出した『ちょうど君に会った時』では、花シルクのモザイク、玉細工、陶器、木版透かしなど20種類近くの中国の無形工芸品が多くの観客の目を引いた。

これらの人気ドラマは近年、想像を膨らませる中国の歴史物語を描くと同時に、当時の人々の日常を限りなく忠実に再現し、飲食、香料、漢方、京劇から家庭文化、倫理観に至るまで、すべてを観客の目の前に映し出している。

映画美術指導者の李大鵬氏は大学卒業後、映画制作チームに入り、チャン・イーモウ（張芸謀）監督と『サンザシの樹の下で』、『金陵十三釵』など一連の作品で一緒に仕事をした。李氏は中国の映画・ドラマが続々と海外で上映され、「中国風」ブームが衰えず、評判を得ている理由を以下のように説明した。

「中国独特の伝統的美意識と多様化した文化要素が中国映画・ドラマに彩りを添えたのです。伝統文化における水墨山水、唐詩宋詞などの要素は知らず知らずのうちに作品の中に溶け込んで、これはすべて中国映画・ドラマの特色と強みです」

長年映画美術の指導に携わってきた李大鵬氏
写真 / 本人提供

数々のヒット作を生み出した中国の制作会社に聞く

華流をリードし、全世界へ文化を発信

取材協力・写真提供／東陽歓娯影視文化有限公司　構成／『和華』編集部

『瓔珞《エイラク》～紫禁城に燃ゆる逆襲の王妃～』（以下、『瓔珞《エイラク》』）、『尚食《しょうしょく》～美味なる恋は紫禁城で～』（以下、『尚食《しょうしょく》』）など中国ドラマのヒット作は国内外で人気があり、常に「中国風ドラマ」ブームを巻き起こしている。これらの作品を生み出したのが、東陽歓娯影視文化有限公司である。同社にドラマ制作に対する独自の美学についてお話を伺った。

伝統工芸の刺繍や手織りの技を実現

『瓔珞〈エイラク〉』の中では昆曲、刺繍、絨花、緙糸（こくし。つづれ織）、花糸象嵌、打樹花（溶けた金属を撒き火花を作り出す伝統行事）など数十種の無形文化遺産要素が表現されており、ドラマ作品そのものが無形文化遺産を広める重要な媒体となっている。全世界の視聴者が作品を通じて貴重な中国の伝統技術を知るようになった。

『瓔珞〈エイラク〉～紫禁城に燃ゆる逆襲の王妃～』
コンプリート・シンプル DVD-BOX1~5 発売中　各5,500円（税込）**発売元**：NBC ユニバーサル・エンターテイメント　**原題**：延禧攻略　**製作**：2018年 / 中国 / 全70話

ドラマを通じて東方美学を世界に広める

中国の国内外で人気を集める作品を次々と世に送り出している東陽歓娯影視文化有限公司（以下、歓娯影視）は２０１２年に設立され、脚本の制作、ドラマへの投資・制作、国内外の配給、さらに芸能人エージェント及び宣伝までを一体化させた大手企業だ。

同社は脚本家や監督、俳優、プロデューサーなど豊富な人材資源を擁している。また、シュー・カイ（許凱）やバイ・ルー（白鹿）、ウー・ジンイェン（呉謹言）、ニエ・ユエン（聶遠）などを含む50人余りの人気芸能人が所属している。

中国で最も早くインターネット会社と協力してオンラインドラマを制作した同

監修者と料理人が明代の料理を再現

『尚食（しょうしょく）』では全脚本と制作を通じて明史の専門家の指導のもとで時代考証をした。飲食部分においては最も精巧で最もリアルな美食を視聴者に見せるために、15人の常駐シェフを招いて制作に参加してもらい、また3人の有名な学者に全体にわたり指導を依頼したと言う。

『尚食（しょうしょく）
～美味なる恋は紫禁城で～』
U-NEXTにて独占先行配信中。DVD-SET1～3発売中各17,600円（税込）**発売・販売元**：NBCユニバーサル・エンターテイメント **原題**：尚食 **製作**：2022年／中国／全40話

京劇の演技やカトレフの射撃も徹底指導

北平（北京のこと）の梨園を巡って物語が展開し、京劇芸術の美学的気品を体現した本ドラマは、京劇芸術と物語を融合させ、戯曲の味わいによって再び中国国内に「中国風」ドラマの潮流を巻き起こした。

『君、花海棠の紅にあらず』
各種プラットフォームにて配信中。DVD-BOX1～3発売中各16,940円（税込）**発売元**：コンテンツセブン／フォーカスピクチャーズ **原題**：鬢辺不是海棠紅 **製作**：2020年／中国／全49話

社は、最も早く「華流」の理念を打ち出して海外に進出した会社でもある。

　また、制作された60余りに及ぶドラマは20の言語に翻訳され、200ヶ国で放送されている。海外での放送量は累計30億回を超えるという。

　中国の文化要素をドラマ作品の「衣食住行娯」に埋め込んでいるのが同社の特徴だ。その独特な東方美学を表現するドラマと優秀な人材チームによって、歓娯影視は独自のドラマ制作モデルを確立した。そして中国ドラマを広く世界に広めている。

「ドラマ＋無形文化遺産」、東方美学を現代の感覚で表現

ドラマから見る「衣食住行娯」文化

歓娯影視はドラマの海外進出を積極的に進めるだけでなく、文化産業チェーンを広げることにも力を入れている。ドラマに登場する古書や衣装、関連グッズ、食べ物などが海外で大きな反響を呼び、海外の視聴者に東方美学と文化を広く伝え、国際的な文化交流と理解を深めた。

歓娯影視は、「中国五千年の文明は文芸作品の創作において尽きせぬ、そして使い尽くせぬ貴重な源泉であり、また中国のドラマ作品が世界で身を立てる礎《いしずえ》でもある」と説明する。同社は無形文化遺産の技術を解読することで東方美学の現代的表現を実現してきた。ドラマを通じて中国の美意識を伝え、中国の素晴らしい伝統文化を紹介している。

歓娯影視の人気古装ドラマの一つひとつは、配色からメイク、衣装まで、シンプルであれ華美であれ、高度な再現であれ再創作であれ、すべては中国の伝統文化の美意識に裏打ちされており、東方の伝統美学に含まれる意味が表現されている。

歓娯影視は「ドラマ＋無形文化遺産」というアプローチを確立し、中国の様々な王朝の歴史的背景から、ドラマになり得る可能性を秘めた物語を発掘している。多くの優れた伝統文化や無形文化遺産の技術、その他の中国の文化要素をドラマ作品の「衣食住行娯」に埋め込んでいる。

例えば『清越坊の女たち～当家主母～』は、製織技術と中国の生地に焦点を当て、国内初の無形文化遺産「緙糸《こくし》」（つづれ織り）をテーマにしたドラマである。

また『玉楼春～君に詠むロマンス～』は明朝の時代を背景に、「皮影戯」（影絵芝居）を物語の道具立てとして、山水画絵巻のようなロマンティックで耽美な雰囲気を醸し出している。また、劇中に出てくる衣装、髪飾り、食べ物、生活道具などは職人精神によって手作りされ、明朝時代の雰囲気を再現している。

『為有暗香来（原題）』は五代時代を背景に、伝統的お香の技術に焦点を当て、夢のような世界を描いて中国の古典物語文学の魅力を伝えている。

さらに『大唐流流～宮廷を支えた若き女官』は唐代末期の古い絵を参考に、精巧で美しい古装ドラマの世界を表現した。伝統的な古装題材の雰囲気が濃厚でありながら軽快なプロットでもあり、視覚的・聴覚的な美しさを極め、全く新しい古装ドラマのスタイルを切り開いた。

その他にも、劇中で撮影される建築物はストーリーの内容や背景によって設計して造られる。例えば『大唐流流』では色彩の基調は質朴さと繁栄時代の華美さを合わせもつことに重点を置き、全体として落ち着きのある雰囲気が漂っている。

また同作の美術セットでは、大量の史料記述にあたることで、制作チームは9ヶ月もの期間をかけて、敷地面積が3万平方メートルに及ぶ東宮、太極殿及び大小のシーン合計３００余りを造った。それは実に全シーンの60％を超えている。

ドラマを制作するにあたり、歴史的な雰囲気と現代人の美意識を土台として、人と自然の完璧な融合を実現するために細部に至るまで創造と調和に注意が払われているのである。

『尚食（しょうしょく）』の劇中に出てくる鳳の冠

清の時代の服飾を展示するエリア

特別展示エリア

戦国時代の服飾を展示するエリア。写真は『コウラン伝 始皇帝の母』趙王の朝服

歓娯影視文化博物館

中国初のドラマ文化と無形文化遺産を融合させた博物館

『玉楼春～君に詠むロマンス～』の劇中に出てくる鳳の冠

歓娯影視はドラマの服飾には特にこだわりが強い。例えば『尚食（しょうしょく）』では、主役であろうと宮女であろうと、服飾や着こなしが歴史と照らしても非常に高度に再現されている。撮影チームは衣装デザインチームに対し、あらゆる衣装とメイクに必ず「拠って立つ根拠」を求める。そのため、服飾デザインチームは大量の史料にあたり、現代の研究成果を専門的に学び、さらに博物館に行って文物を参考にレプリカを作った。また服飾史の専門家にすべてのデザイン画を検証してもらい、可能な限り歴史に合致するよう努めた。

2021 年に歓娯影視文化博物館は完成した。当館は浙江省東陽市横店に位置し、１万平方メートル近くのスペースを有している。無形文化遺産技術を用いて制作された 60 セット余りのドラマ衣装、90 点余りのアクセサリーが展示され、所蔵するドラマ衣装はなんと合計６万点を超えている。

歓娯影視が作ったドラマ作品に登場する服飾は、その一針一針に中国の素晴らしい伝統文化要素が秘められている。職人魂をもって再現されたそれらの服飾を展示すると同時に、ドラマの舞台裏の物語と伝統文化を世の中に伝えている。

当館はドラマ文化と無形文化遺産を融合させて作られた全国初の博物館である。来館客にドラマ制作の全プロセスや登場する伝統技術・衣装・メイクなどを身近に感じさせ、まるでドラマの中にいるかのような没入体験が楽しめる。

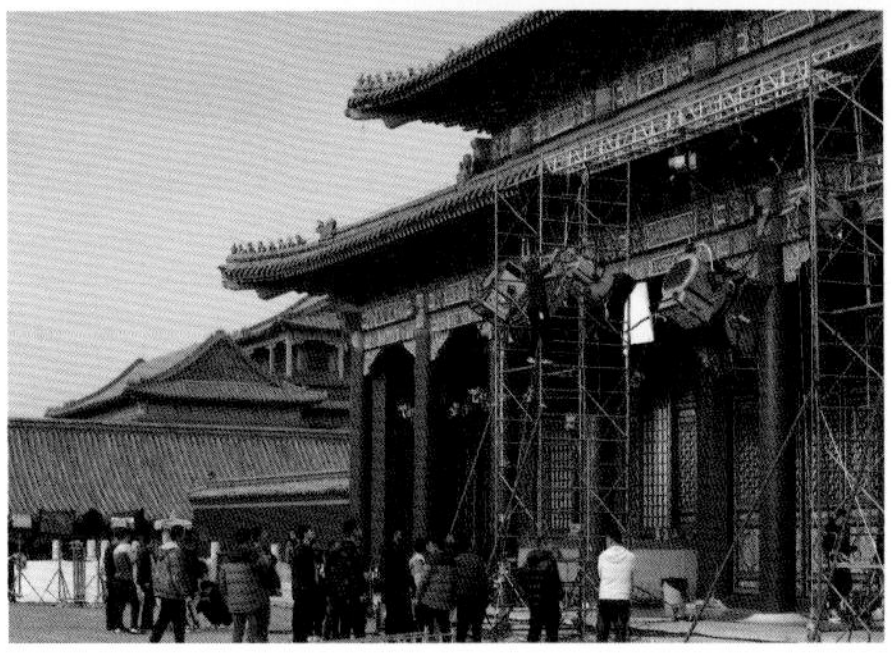

全て様々なドラマ撮影の様子　写真／東陽歓娯影視文化有限公司

「コンテンツが要《かなめ》、文化はルーツ」

歓娯影視は常に中国の伝統文化を創作の源とし、良質な作品を制作している。「ドラマ＋無形文化遺産」というスタイルで東洋の物語を語り、質の高いコンテンツと美的表現を通して東洋の美を見事に表現することに力を注いできた。現在、国内外の市場において独特で鮮明なブランドスタイルを打ち立てている。

歓娯影視から見ると、2023年以降、中国のドラマ市場は創作と生産量を減らして質を高め、題材の豊かさが増し、日増しにジャンルが多様化する傾向があるという。どのジャンルも優秀な代表作品があり、配給範囲を広げている。中国ドラマ全体の品質が高まり、配給範囲が広がっている。それはドラマ業界が依然として大きな発展の潜在力を備えていると同時に制作会社がより高い要求を求めていることを意味している。

同社は世界的にSVOD（定額制動画配信サービス）が急速に広まっていることに注目している。オンライン視聴プラットフォームはドラマの主要な供給先でもある。中でもアジア太平洋エリアのSVODのユーザーは急速に増加し、2027年には同エリアのユーザー数が7・46億人に達するだろうと予測されている。将来的にはこの分野にも目を向けていくべきではないかと考えている。

今後の展開として、同社は引き続き「ドラマ＋無形文化遺産」の戦略をより深めていき、持続可能な発展の実現に力を入れていくと紹介した。

まず、コンテンツ創作においては「コンテンツが要《かなめ》、文化はルーツ」という理念を守り、中国伝統文化の精髄をより深く掘り下げて現代の美意識と融合させ、更に多くの高品質で影響力のある作品を作っていく。

同時に、より多くの無形文化遺産プロジェクトとの協力関係を積極的に模索し、ドラマ作品を通じて無形文化遺産技術の独特な魅力と文化的価値を見出し、無形文化遺産文化の継承と発展をさらに進める。

次に市場化運営においては、引き続き「ドラマ＋無形文化遺産」の市場化融合の道を広げ、関連グッズの開発、展覧会の開催、研究活動などを通じて伝統文化の要素を現代生活スタイルに溶け込ませ、付加価値を高めていく。同時に、国内外との協力と交流を深め、中国の伝統文化を世界に広めていく。

最後に社会的責任の面では、公益事業に積極的に参加し、調和のとれた社会の発展に貢献する。

2024年に放送される予定のドラマには女性の自立を称賛する『墨雨雲間（原題）』や北宋時代の市井の生活を描いた『五福臨門（原題）』、仙侠をテーマにした『衡門有狐（原題）』がある。同社は引き続きコンテンツを大切にする初心を守り、視聴者の期待に応えるような良質な作品を作り続けていくと決意を示した。

ショートドラマが急成長

構成・文／『和華』編集部　写真／P84～85 CNSphotos

芸名「咸魚（シエンユー）」と名乗る甘粛省の若者（左）は、2015年に横店にやってきて無名のエキストラとなった。現在ではショートドラマにより、動画プラットフォームで少なからぬファンを獲得し、かなりの収入も得ている。写真／視覚中国

中国の調査機関「艾媒諮詢（iMedia Research）」が発表したレポートによれば、2023年中国のショートドラマの市場規模は373億9000万元（約7826億円）に達した。2023年下半期からはアプリという形で海外市場を賑わせている。

中国で急成長するショートドラマは、「1話が数十秒から15分程度で明確なテーマと大筋を持ち、連続性と完全性を備えたプロットを持つもの」と明確に定義されている。展開がスピーディーで気軽に観られるので、忙しい人には最適だ。

ショートドラマは作品の尺の短さと、それに伴うコストの低減、撮影時間の短縮が特徴だが、従来のドラマと大きく違うのはなんといっても脚本のリズムだ。「最初の6秒」が黄金原則と言われ、ここで視聴者の眼を奪わないとすぐに画面から離れてしまうと考えられている。

多くの映像制作会社がショートドラマを制作しているが、注目はやはり動画配信プラットフォーム主導のチーム制作だろう。

例えば中国の四大動

左）丹丹の古装愛はほとんどマニアの域に達しており、それが横店で俳優のキャリアをスタートした主な理由である。写真／視覚中国　右）浙江省金華市で、横店の古装ショートドラマ撮影ロケ地に立つ重慶の少女、丹丹（紫の衣装の人物）。写真／視覚中国

上段、左から右に）広告『一触即発』、ショートドラマ『屌絲男士』（Diors Man）、『万万没想到』（夢にも思わない）、『生活対我下手了』（生活が私に手を下した』ポスター。下段、左から右に）ショートドラマ『做夢吧！晶晶』（夢を見て！晶晶）、『大媽的世界』（おばさんの世界）、『致命主婦』(Mortal Housewife)、『反詐風暴』（不正防止の嵐）ポスター

画配信サービスである「愛奇芸《アイチーイー》」、「優酷《ヨウクー》」、テンセントビデオ、マンゴーTVはパソコンのスクリーンで見る「横型」と言われ、1話が10分以内、プロの俳優が参加して比較的優良な作品が作られる。一方新興のショート動画プラットフォームには「快手《クワイショウ》」や「抖音《ドウイン》」（TikTok）などがある。こちらはスマホ画面で見るので「縦型」と言われ、1話3分以内、100〜500万人のフォロワーを持つネットの達人が俳優になることが多い。

「快手」は2012年にスタート。同年にオンライン動画プラットフォームの「捜狐視頻」が1話15分程度の『屌絲男士』(Diors Man) を配信し、翌年には「優酷」がニューメディアの企業と提携し『万万没想到』（夢にも思わない）をリリースした。

2016年には「抖音」がスタートし、2018年には愛奇芸が『生活対我下手了』（生活が私に手を下した）をリリースした。2021年にはテンセントビデオが『大媽的世界』（おばさんの世界）をヒットさせ、同年「抖音」も初の自社制作『做夢吧！晶晶』（夢を見て！晶晶）をリリースしている。

旧勢力はユーザーの習慣に合わせて縦型と同時に横型も継続しており、テンセントビデオの『招惹』や「優酷」の『致命主婦』などがその成功例だ。こうして2021年〜2022年、ショートドラマが急激に増えていったのである。

そしてモバイル端末と様々なアプリの誕生によって、今や1話1分のドラマまで登場している。2023年下半期から、中国のショートドラマはこのアプリという形で海外市場で飛躍を見せている。ReelShortは主に米国市場向けの中国発ショートドラマアプリで、ロマンスやファンタジーが好きな女性、特に専業主婦をターゲットにしているという。

日本でもスタートアップ企業のGOKKOが4月に60話近くからなるスマホ向けショートドラマを中国企業と共同で配信している。

上下）ショートドラマ『招惹』(Provoke) の撮影現場。
撮影／杜浩 ymx

『星月楼のキケンな恋人たち』

3枚組DVD発売中7700円（税込）レンタルDVD1～3リリース中 **発売・販売元**：竹書房 **原題**：夜夜相見不識君 **製作**：2023年／中国／全24話 **監督**：シーズー **出演**：リー・フェイ、スン・ジュエニン

それでは実際に日本で見られるショートドラマにはどのようなものがあるのだろうか？　ここでは竹書房発売の2作品をご紹介！　竹書房は『命がけブライダル』という作品で２０２３年に初めてショートドラマをリリース。本作は評判もよく、ショートドラマとしては日本で初めてテレビ放送もされたという。

　翻訳を担当した田沢優季さんによれば、ショートドラマからイケメン俳優が多数出ているとのこと。例えば主演カップルが美男美女で、田沢さんが翻訳しながらずっとウットリしてしまったというのが『星月楼のキケンな恋人たち』。暗殺組織「星月楼」十二刺客の1人であるヒロインが花嫁になりすまして暗殺のターゲットである悪名高い貴公子に嫁ぐが、次第にお互い惹かれ合い、一方で驚くべき事実が次々に明らかになる……。

　主演のリー・フェイ（李菲）は田沢さんイチ押しのイケメン俳優。高校時代は文系、大学では土木工学を

『あやめの花びら落ちるとき～三生縁起～』

3枚組 DVD 発売中 7700 円（税込）レンタル DVD1 ～ 3 リリース中 **発売・販売元**：竹書房 **原題**：三生縁起是清歓 **製作**：2022 年／中国／全 23 話 **監督**：チェン・イー **出演**：ヤン・ゾー、リン・イエンロウ

専攻していたそうで、演劇学校出身の俳優も多い中、異色の経歴なのだそう。

一方『あやめの花びら落ちるとき～三生縁起～』のヤン・ゾー（楊沢）は、『招揺』『玉昭令』『命がけブライダル』など人気作に多数出演する注目の俳優。

同作は天界の神仙が人間界に下りて輪廻転生を繰り返し、愛の試練を受けるラブファンタジー。中国では数々のネットのレビューサイトでトップ入り、視聴者からストーリー性やヤン・ゾーの演技、ドラマとしてのクオリティーに賞賛の声が上がっているという。ヒロインを演じたリン・イエンロウも確かな演技力で様々な作品に出演。

田沢さんは最後にショートドラマの魅力を教えてくれた。タイパ・コスパが良いこと、気軽にサクッと見られること、展開にスピード感がありダラダラしていないこと、そして若手新人イケメンが豊富！　竹書房のＤＶＤはアマゾンでも購入できる。

面白映画株式会社代表取締役・董志凌氏インタビュー

海を越えて日本へ上陸した中国アニメ

中国では制作レベルの向上に伴い、近年数多くの中国文化的要素を取り入れたアニメ動画が作られ、話題になっている。その中の一部の作品はアニメ強国の日本に進出し、多くのファンを得ている。日中間の映画の配給、宣伝、企画、関連グッズ開発・販売などを行う面白映画株式会社の創始者・董志凌氏に、中国アニメが海を越えて日本に渡る舞台裏を語っていただいた。

取材協力・写真提供／面白映画株式会社　構成・文／『和華』編集部

日本における興行最高記録となった中国アニメ映画
『羅小黒戦記 ぼくが選ぶ未来』ポスター

董志凌
ドン・ジーリン
面白映画株式会社 代表取締役

記録的大ヒット作品：『羅小黒戦記 ぼくが選ぶ未来』

近年、日本に進出した中国のアニメ作品の中で最も象徴的なのは2019年に日本で公開された字幕版『羅小黒戦記 ぼくが選ぶ未来』(以下、略『羅小黒戦記』)。興行収入は5億6000万円に達し、累計観客動員数は26万人を超え、同年の日本の年間アニメ映画チケット販売ランキング9位にランクイン。中国アニメ映画の歴代日本興行収入において新記録を樹立した。

『羅小黒戦記』の日本配給に参加した会社の一つが面白映画株式会社である。その創始者は中国でも有名な国産アニメのプロデューサー・董志凌氏。豊富な業界経験をもとに、董志凌氏は来日後、『縁結びの妖狐ちゃん』、『一人之下 the outcast』、『天官賜福』などの優秀な国産アニメ作品をプロデュースした絵夢株式会社に順調に入社し、会社の全体運営を担当した。その後、「中国のアニメ映画を日本に紹介したい」という大志を抱き、董志凌氏は絵夢の支援を得て、来日翌年には面白映画を立ち上げた。

しかし、日本市場における中国アニメ映画配給の先駆けとして、参考になる経験は何一つなかった。まさに「摸着石頭過河」(用心深く手探りで前に進むことのたとえ)。でも、

確かな方向を選ばなければならなかった」。『羅小黒戦記』が発売された時に直面した困難について、董氏は次のように語った。「最初は日本人がこの映画の成功を予想していなかった。そのため、単館上映や日にち限定上映などのリスクを自分たちで引き受ける形の上映しかできなかった。後に観客動員数が上がり口コミがよくなるにつれて日本人観客の数が増え、最終的には全国200余りの映画館で上映されるようになった」

董氏にとって、『羅小黒戦記』は良いスタートであり、最初は日本で何の影響力もなかった作品が、日本市場を開いたと考えている。最初の頃、日本の映画館は中国映画を上映するのはリスクが大きすぎると考えていたが、『羅小黒戦記』の興行成績を見てから、中国のアニメ映画をより積極的に受け入れるようになった。このような成功例が増えれば、業界もより自信を持つようになるだろう。

アニメを通じて中国文化を海外へ

『羅小黒戦記』の成功をきっかけに、面白映画はより大胆に日本進出に挑戦するようになった。現在、面白映画は『白蛇：縁起』、『熊出没　ワイルドランド大冒険』、『新封神演義・楊戩《ようせん》』、『喜羊羊と灰太狼 DUNK FOR FUTURE』、『DAHUFA-守護者と謎の豆人間』など多くの中国アニメ映画を手掛けている。その中で、『白蛇：縁起』と『ライオン少年』はいずれも突出した興行収入を上げた。

2021年に『白蛇：縁起』を公開するにあたり、協力パートナーを探していたが、そのころから様々な壁にぶつかった。日本の会社はこの作品に対して疑念を抱いていた。日本初の長編カラーアニメーション映画は『白蛇伝』であり、この中国の伝統的な物語IP（知的財産権）が日本で観客を得る基礎となったと考える面白映画は、宣伝にあたりこの日本のアニメの歴史を説得材料にPRした。さらに、日本で有名な声優を吹き替えに起用した。『白蛇：縁起』は最終的に累計で億を超える興行成績を残し、Twitter アカウントでは7万を超えるファンを獲得した。

また、2023年に面白映画が公開した『ライオン少年』も爆発的なヒットとなった。獅子舞の練習に励む中国の留守番少年を描いたこのアニメ映画は、新海誠監督をはじめとする多くの日本の専門家や映画ファンから好評を得ている。

将来的に中国と日本の文化産業に横たわる深刻な信頼問題を解決することを董志凌氏は望んでいる。日本の会社と初めて仕事をしたとき、双方のビジネス文化に不慣れだったため、お互いに慣れるまで多くの時間がかかったと話した。「われわれは日中双方の仕事の考え方とやり方の違いを理解し、時には郷に入っては郷に従うことも考えなければならない」

日本に進出する中国のアニメ映画のどれもがヒットするわけではない。多くの映画は上映規模が小さかったり、中国人観客が主であったり、ヒットするかどうか分からないなどの課題に直面している。今後について、董志凌氏は次のように抱負を語った。

「日中両国のアニメ業界の現状としては、現在日本が中国に版権を販売することがメインとなっていますが、今後、日本人に一目置かれるより多くの作品が中国で作られると信じています。私たちは日本に中国アニメ映画を輸出する拠点を作り、より質の高い作品を日本に紹介した上で、各作品が日本で適切な評価を得るように努力して参ります。それはビジネスの観点だけではなく、アニメ映画を橋渡しにして、中国文化を海外に紹介したいと思うからです。そうしてこそ、日中両国がより理想的なウィンウィン関係を築くことができると考えています」

面白映画配給アニメ映画

『ライオン少年』

『山海経―霊獣図鑑―』

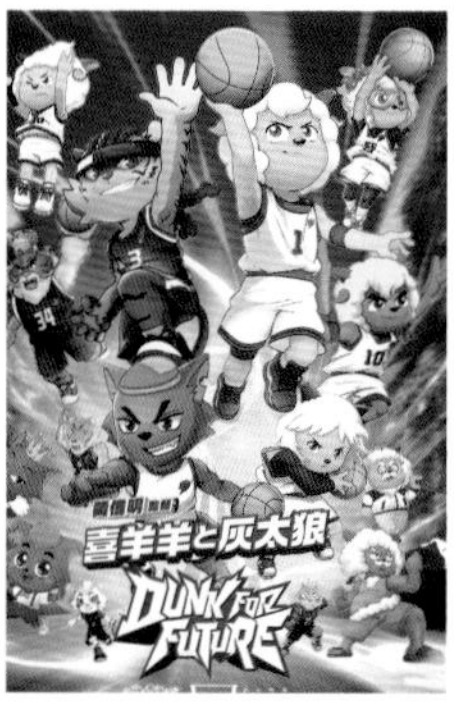

『喜羊羊と灰太狼
DUNK FOR FUTURE』

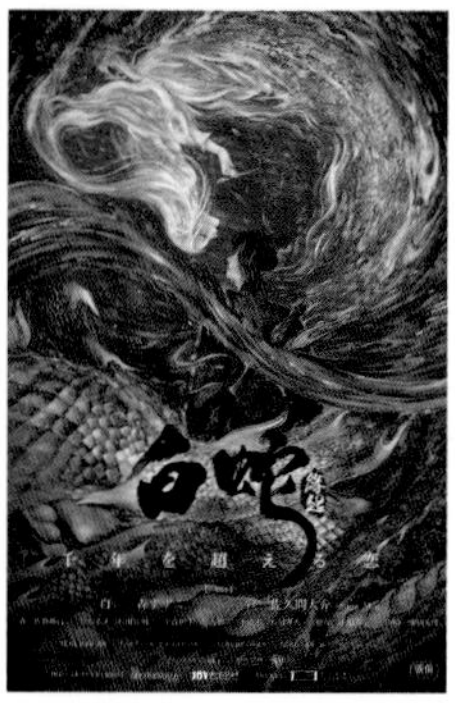

『白蛇：縁起』

安楽伝

アジアを代表する人気俳優ディラリバと『山河令』で日本でも大ブレイクしたゴン・ジュンという豪華スター共演のラブロマンス時代劇。何者かの陰謀によって一族を滅ぼされたヒロイン「帝梓元（ていしげん）」は復讐を決意、幽閉されるが身分を隠し、女海賊「任安楽（じんあんらく）」として生きる道を選ぶ。復讐の時を待つ任安楽は皇太子・韓燁（かんよう）に近づき復讐計画を着々と進めるが、都を騒がす事件をともに調べるうちに韓燁の人柄に触れ、ある感情が芽生えてしまう。一方、10年もの長い間、許嫁である帝梓元に想いを寄せてきた韓燁は、皇太子妃に名乗りを上げアプローチをしてくる任安楽に対して一線を引いていたが……。

U-NEXTにて独占先行配信中 DVD-SET1 発売中 8月2日 DVD-SET2 発売 各17,600円（税込）**発売・販売元**：NBCユニバーサル・エンターテイメント **原題**：安楽伝 **製作**：2023年／中国／全39話 **総監督**：ゲイリー・シン **出演**：ディラリバ、ゴン・ジュン、リウ・ユーニン

恋心が芽吹く頃
～Blooming Days～

アジアで活躍するトップスター、『月に咲く花の如く』のピーター・ホーと若手実力派、『鳳凰伝～永遠（とわ）の約束～』のハー・ホンシャンが政略結婚で苦境を乗り越えるカップルを熱演！　駱（らく）家の令嬢・青連（せいれん）は愛する恋人・呂北逸（りょほくいつ）との婚礼を前に、王様・賀雲朔（がうんさく）の亡き妻に瓜二つという理由でお妃選びに強制的に参加させられる。ある騒動が持ち上がり駱青連は第三子・賀連信（がれんしん）の妾として引き取られる羽目に。運命の変転に抗おうとするも賀連信の妻や側室たち、兄弟らがしのぎを削る権力争いの渦中へと放り込まれてしまう。

8月2日よりU-NEXTにて独占先行配信開始 8月2日 DVD-SET1 発売 17,600円（税込）**発売・販売元**：NBCユニバーサル・エンターテイメント **原題**：歳歳青蓮 **製作**：2023年／中国／全36話 **監督**：ガオ・ハン **出演**：ピーター・ホー、ハー・ホンシャン、ホアン・ヨウミン

ロマンスの降る街

ビリヤードのナインボール選手イン・グオは、国際大会に出場するため北欧の街ハルを訪れた雪嵐の夜、ヘルシン大学に留学中のリン・イーヤンに助けられる。グオに一目ぼれし積極的にアプローチをするイーヤンには、若くして引退した天才ビリヤード選手という過去があった。

9月4日よりU-NEXTにて独占先行配信開始 9月4日 DVD-SET1、10月2日 DVD-SET2 発売 各17,600円（税込）**発売・販売元**：NBCユニバーサル・エンターテイメント **原題**：在暴雪時分 **製作**：2024年／中国／全30話 **監督**：ホアン・ティエンレン **出演**：ウー・レイ、チャオ・ジンマイ

開端 —RESET—

乗っていたバスが爆発する「ある一日」を何度も循環（ループ）し始めた大学生のリー・シーチン。バス爆発が起きた後、意識を取り戻すと先ほどと同じ爆発の数分前の車内に戻ってしまう。乗客の1人、シャオ・ホーユンと2人だけが陥ったループの沼の中で、真相を求め奔走する。

原題：開端 **製作**：2021年／中国／全15話 **監督**：スン・モーロン、リウ・ホンユエン、ラオサン **出演**：バイ・ジンティン、チャオ・ジンマイ、リウ・イージュン、リウ・タオ

男たちの勲章 ～栄光への旅立ち～

軍幹部の息子・顧一野（グー・イーイエ）は冷静沈着で戦術や武器の知識が豊富な青年。貧しい環境で育った高粱（ガオ・リアン）は豪快で明るい性格だが最愛の兄を戦場で亡くし、天涯孤独の身となって入隊。お互いをライバル視しながらも厳しい訓練を乗り越え、友情を育んでいく。

DVD-BOX1～3発売中 DVD-BOX1～2各15,400円（税込）DVD-BOX3 13,200円（税込）**発売元**：ブロードウェイ／フォーカスピクチャーズ **原題**：王牌部隊 **製作**：2021年／中国／全40話 **監督**：リウ・イエン、ティエン・イー **出演**：シャオ・ジャン、ホアン・ジンユー

星が繋ぐ初恋 ～Here We Meet Again～

『シンデレラはオンライン中』のチャン・ビンビンが一途で高い能力を持ったイケメン理系男子に。東和グループの令嬢・ユエンは、家族企業で倒産寸前の西安支社を起死回生するミッションを与えられた。そこで高校時代に好きだったイケメン・イエンシーと出会う。

DVD-BOX1～2発売中 各17,600円（税込）**発売・販売元**：エスピーオー **原題**：三分野 **製作**：2020年／中国／全32話 **演出**：ホアン・ティエンレン **出演**：チャン・ビンビン、ウー・チェン、

永安夢
～君の涙には逆らえない～

皇帝の甥の陸時硯（りくしげん）は城西渠（じょうさいきょ）崩壊の捜査途上で出会った沈甄（しんしん）が夢に出てきた女だと気づき、涙を見た途端気絶する……。

9月4日よりU-NEXTにて独占先行配信開始 9月4日DVD-SET1、10月2日DVD-SET2 発売 各17,600円（税込）**発売・販売元**：NBCユニバーサル・エンターテイメント **原題**：永安夢 **製作**：2024年／中国／全24話 **総監督**：ホアン・ビン **出演**：シュー・ジェンシー、オーヤン・ナナ

春うらら金科玉条

訟師（弁護士）になることを夢見る軍人一家出身の少女と秘密組織の殺し屋。出会うはずのなかった２人が恋に落ち、助け合うことになる…。

DVD-BOX1～2発売中 各13,200円（税込）**提供**：エスピーオー／BS12トゥエルビ **発売・販売元**：エスピーオー **原題**：春家小姐是訴師 **製作**：2020年／中国／全20話 **監修・総演出**：チャン・ルイ **演出**：ユー・リンシュー **出演**：ジュアン・ダーフェイ、ホアン・ジュンジエ

笑門来福《しょうもんらいふく》
～イケメン同居人は私のフィアンセ!?～

親を亡くした謝全佳（シエ・チュエンジア）が訪ねた父親は借金だらけの上逃亡。許嫁と残された屋敷に暮らし始めるも、同居人が増えていき––!?

9月4日よりU-NEXTにて独占先行配信開始 9月4日DVD-SET1 発売 17,600円（税込）**発売元**：NBCユニバーサル・エンターテイメント **原題**：喜卷常楽城 **製作**：2024年／中国／全24話 **監督**：ウー・ユーゾー **出演**：マー・ティエンユー、ブー・グァンジン

想いの温度差
～九霄寒夜暖～

正義感は強いがいつも寒さに怯える捜査官・蘇玖児（そきゅうじ）は、ある事件で出会った王子・寒狰（かんそう）に触れると体力が戻ることに気づく。

DVD-BOX1～2発売中 各19,800円（税込）**発売・販売元**：エスピーオー **原題**：九霄寒夜暖 **製作**：2021年／中国／全36話 **総監督**：リー・フイジェ **出演**：リー・イートン、ビー・ウェンジュン、ホー・ルイシエン、チェン・ホーイー

替嫁新娘
～ただいま婚惑中～

双子は不吉とされた時代、妹の柳嘉（リウ・ジア）は「忌み子」としてその存在を隠しながら暮らしていた。姉の身代わりに嫁いだ柳嘉は策略に長けた夫と黒幕を探る。

＜シンプルBOX 5,000円シリーズ＞ DVD-BOX発売中 5,500円（税込）**発売元**：コミックリズ **販売元**：エスピーオー **原題**：替嫁新娘 **製作**：2023年／中国／全8話 **監督**：スン・ジアヤン **出演**：バオハン、ウー・ミンジン

女神様の縁結び

情を深めると重篤な病気になってしまう武侠女子・周縁は、兄を守るため男装して学院に入り、結婚に焦るが縁がまったくない侯爵家の若様・衛起と出会う。

DVD-BOX1～2発売中 各13,200円（税込）**提供**：エスピーオー／BS12トゥエルビ **発売・販売元**：エスピーオー **原題**：看見縁分的少女 **製作**：2020年／中国／全24話 **演出**：シェン・ジンフェイ **出演**：チー・イェンディ、アオ・ルイポン、イー・ボーチェン

ラブ・アクチュアリー
～運命の恋愛相関図～

突然解雇された40代のITエンジニアがワン・イーボー演じる若手ベンチャー企業社長の秘書となり、やがて社長の想い人の女性と3人の恋のトライアングルに……。

DVD-BOX1～3発売中 DVD-BOX1 16,500円(税込) DVD-BOX2～3各15,400円(税込) **発売元**：ブロードウェイ／フォーカスピクチャーズ **原題**：人間至味是清歓 **製作**：2016年／中国／全43話 **監督**：チェン・ミンジャン、ウー・チアン **出演**:ジョー・チェン、トン・ダーウェイ、ワン・イーボー

キミに恋々《れんれん》！

30歳を前にソン・シンチェンは医師のキャリアを捨て親友と女性用グッズ店の経営を開始。「恋愛経験ゼロ」のスー・チンチョーとお見合い後、なぜか何度も出くわし……。

8月2日よりU-NEXTにて独占先行配信開始 DVD-SET1発売中8月2日 DVD-SET2発売 各17,600円（税込）**発売・販売元**：NBCユニバーサル・エンターテイメント **原題**：恋恋紅塵 **製作**：2023年／中国／全26話 **監督**：チョン・シューガイ **出演**：シュー・カイチョン、グーリーナーザー

君を見つけた
～僕の最愛の友達～

2007年の青島。日本語学院大学で出会った新入生のリン・シャオとシャオ・ニエンはあるきっかけから仲良くなり、かけがえのない存在となる。学園青春群像劇！

DVD-BOX1～2発売中 各13,200円（税込）**発売元**：ブロードウェイ／フォーカスピクチャーズ **原題**：最好的朋友 **製作**：2020年／中国／全24話 **監督**：リー・ポーロン **出演**:シュー・シンチー、チェン・ムー、ワン・ユエイー、ワン・イージュン

独占おとぎ話

クールで繊細な優等生のリン・チャオと勉強は苦手だが天真爛漫のシアオ・トウーは幼なじみ。やがてチャオは「弟的存在」から「溺愛彼氏」に……。

U-NEXTにて独占先行配信中 DVD-SET1～2 Blu-ray SET1～2発売中 DVD各176,00円（税込）Blu-ray各19,800円（税込）**発売・販売元**：NBCユニバーサル・エンターテイメント **原題**：独家童話 **製作**：2021年／中国／全24話 **監督**：ゴン・ユーシー **出演**：JUN (SEVENTEEN)、ジャン・ミアオイー

冰雨火《ひょううか》
～BEING A HERO～

麻薬組織に挑む警察の熱き戦いを描いたサスペンス。優秀な麻薬捜査官をワン・イーボー、殺された父親の潔白を証明しようとする男をチェン・シャオが演じる。

DVD-BOX1～2発売中 各17,600円（税込）レンタルDVDリリース中 **発売元**：ブロードウェイ／フォーカスピクチャーズ **原題**：冰雨火 **製作**：2022年／中国／全32話 **監督**：フー・ドンユー **出演**：チェン・シャオ、ワン・イーボー

うっかり拾った恋なのに

大企業グループの次男・凌越（リン・ユエ）は顧安心（グー・アンシン）のバイクと衝突、身分を隠したまま賠償金の代わりに同居生活を始める。

DVD-BOX1～2発売中 各13,200円（税込）**発売元**：ブロードウェイ／フォーカスピクチャーズ **原題**：一不小心撿到愛 **製作**：2020年／中国／全24話 **監督**：ジョン・チン **出演**：チャオ・ルースー、リウ・ター

六本木・赤坂で採れた
『生はちみつ』はいかがですか?
ネットショッピングは
こちらから!
弊社ではSDGs事業の一環として屋上でミツバチを飼育しています。ミツバチは、はちみつをつくるだけでなく、多くの花を咲かせ、私たちが普段食べている農作物を実らせてくれる素晴らしい昆虫です。ミツバチからの恵みをぜひご堪能ください。
国産蜂蜜の国内
流通量は
わずか6%
100% PURE
HONEY
TOKYO BRAND
六本木の生はちみつ
100% Natural pure honey,
made in Japan.
NET 160g
SPRING HONEY
季節のはちみつ(大):2,200円(税込)
TOKYO BRAND
六本木の生はちみつ
100% Natural pure honey,
made in Japan.
NET 50g
季節のはちみつ(小):1,100円(税込)
ミツバチ一匹が一生をかけて集められる
はちみつはティースプーン一杯程度。
ミツバチの命の一滴をあなたに…。
養蜂担当:SDGs事業部
深大寺養蜂園 杉沼えりか
SUSTAINABLE DEVELOPMENT GOALS
弊社はミツバチを通じてSDGsの達成に向けた取り組みも推進致しております。
ASIA-PACIFIC TOURISM

和華の「輪」

日中文化の魅力を
再発見する

waka

A Japan-China culture magazine

日中文化交流誌

通算25年中国駐在の元外交官・瀬野清水氏が語る

中国若者文化の発信地を訪ねて

文・写真／瀬野清水

　私は今年の3月と5月、西安と上海に、いずれも4年半ぶりに行って来ました。間にコロナ禍の3年を挟んでいましたが、果たしてどんな変化があったのかが行く前から興味津々でした。結論から言えば少なくとも西安と上海を見る限りでは、あの苦難の日々がまるでなかったかのように街は賑わい、華やぎ、活気に満ちていました。西安、上海は観光地と言うこともあり、足止めされていた全国の旅行客が一斉に観光地へと向かったことが賑わいの一因でしょうが、日本で報じられる「低迷する中国経済」はどこのことだろうと思われるくらいでした。

　西安がコロナ前と大きく変わったと思われることの一つは、観光地に掲示されている日本語の表記がより洗練されていたことです。以前は、機械翻訳の日本語がそのままプレートに貼り付けてあり、しかもほぼ全ての展示品が同じ文面の日本語でしたので、言語不明瞭・意味不明、せっかくの観光地なのに勿体ないと思ったことでした。最近は機械翻訳も格段に進化していますが、それでも肝心なところで意味が通じなかったりします。掲示前にネイティブチェックをされては如何かと、西安市政府の要路の方に提言させて頂いたことがあります。それかあらぬか、今回の西安では以前ほど日本語表記に違和感はなく、日本人として嬉しく感じたことでした。

　一方で、どこの観光スポットも人で溢れていて、日本と同様、オーバーツーリズムの一面もありました。その一つがトイレ問題で、観光客の数に比してトイレの数が少ないのです。その上、それがどこにあるかの表示がないため、「トイレ難民」に何人か出会いました。碑林近くの人混みの中で、何組かの若い女

西安大唐不夜城で通りがかりの人と記念写真を撮影

性からトイレは何処ですかと聞かれて、実は私も探しているのですと答えました。日本の主な駅やコンビニ、デパートなどではトイレの表示のみならず、何メートル先と距離まで表示しているところもあって、それが、外国では当たり前ではないことに気付かされました。かつて習近平主席が「トイレ革命」を提唱されたおかげで、各地のトイレはきれいになったものの、旅行者に寄り添ったあと一歩のサービスが望まれるところです。

それはそうと、今回の西安では、コロナ前に比べて街並みが美しくなっていたことと、空気がきれいになっていたことに加えて、若い女性を中心に漢服姿で街歩きをしている人を多く見かけたことが印象的でした。今ではスマホ片手に、誰もが手軽で良質な写真を撮れるようになったおかげで、西安のように街の至るところにある歴史建造物や「大唐不夜城」のような繁華街で撮った写真をSNSにアップしていました。

漢服は漢民族の服装を指し、正確には少しずつ異なる唐、宋、明の服装の総称と言ってよいでしょう。私たち中年以降の世代にとってのチャイナドレスといえば、立て襟で体の線にぴったりで横にスリットの入った「旗袍《チーパオ》」を連想しますが、それは満州騎馬民族の服装であって漢民族のものとは言えないということで、盛唐の時代の民族衣装を見直す動きが始まっているようです。漢服は老いも

上海南京東路にある創趣場は地下1階から6階まで、2次元文化の聖地、オタクの殿堂とも言われる

さまざまなACGのキャラクターが若者を引き寄せる。秋葉原と新大久保を合体させたイメージ

ライブコマースの放送現場。広いスタジオで次々に商品が紹介され、消費者の反応がリアルタイムで表示されていた

創趣場の中はアニメキャラクターで溢れ、まるで秋葉原にいるよう

満開の桜の下、彼女を見てタイムスリップしたかのように感じました

若きも、美しく着られることが人気の一つかも知れません。

　西安で若い女性に人気があったのは、化粧と髪型のセットをしてもらう衣装が合計日本円で3000円〜4000円という手軽さでレンタルできインスタ映えのする写真が撮れるからだと思いました。西安の中心地に建てられた「長安十二時辰」（長安24時）というアミューズメント施設では、商業ビルの3階分の吹き抜けを舞台にし、東京ドームの半分ほどのフロア面積に人気テレビドラマ『長安十二時辰』（日本タイトル『長安二十四時』）に登場した建物や長安の町並を再現していました。観光客も唐の服装と髪型で行き交っていて、まるで盛唐の長安に迷い込んだかのようでした。これを地元の人は没入体験型娯楽施設といっていました。ここで繰り広げられるお茶や酒や食や詩の文化、民族舞踊や民族楽器の演奏など多種多様なパフォーマンスがSNSで発信されていました。私たちが訪れた3月末の西安は百花繚乱。満開の桜の樹の下で写真を撮っているふくよかな漢服姿の女性が、学校の教科書で習った奈良正倉院の「鳥毛立女屏風（とりげりゅうじょのびょうぶ）」と余りにも似ていたので、タイムスリップしたかのようでした。

　西安では、この他にも大雁塔のある大慈恩寺から南に下る大通りを挟んで造られた商業エリア「大唐不夜城」に行きました。南北に1500メートル、東西に500メートルの歩行者天国には中国の文化史に名を残す詩人、書道家、哲学者等の塑像とともに唐代の建物に似せた大劇場、コンサートホール、美術館、映画館といった4つの大型文化施設が並んで建っており、最新の中華文化の発信基地の様相を呈していました。

　5月には上海を訪れました。こちらもコロナを挟んだ4年半ぶりの訪問でしたが、高齢化の波は確実に押し寄せているようでした。市内各地の大きな公園では思い思いの場所で合唱や合奏、民族舞踊や太極拳などに興じている元気なお年寄りをたくさん見かけましたし、その片隅で我が子の花婿、花嫁さがしをしている人たちが、写真やプロフィールを並べて親どうし、世間話で盛り上がっている様子も見られました。子ども世代にとっては、結婚はしないと決めている人や伴侶が必要になればネットアプリでも簡単に相手が見つかるので、ありがた迷惑そうなご時世ですが、それでも昔ながらの親心を目にして、そこだけ時間が止まっているかのようでした。

　上海には生まれたときからスマホやSNSが身近にあって、自在に情報技術を駆使できる「Z世代」と呼ばれる若者にターゲットを絞った2次元コンテンツモールが2か所あると聞きました。2次元というのは私のような年寄り世代にはとてもついて行けない世界ですが、アニメ、コミック、ゲーム（ACG）を主体とする平面に描かれたコンテンツをいうそうです。そこに描かれた友情や恋愛、正義や理想といった世界観や価値観を2次元文化というようです。上海にある2か所というのは街の中心を流れる蘇州河の北、西蔵北路にある「静安大悦城」と南京東路の歩行者天国に面した「百聯ZX創趣場」です。

　今回は時間の都合で「百聯ZX創趣場」しか見ることができませんでした。「百聯」は中国最大の商業物流グループで国有企業である「百聯集団」です。上海のメインストリートである南京路に若者の活気を呼び戻し、2次元文化の聖地として新たな消費を掘り起こそうという国家レベルの構想のもと、2023年1月にオープンしたばかりです。地下1階から地上6階まで日本や中国のACGの専門店が軒を並べていて、南京路の歩行者天国を若者文化の発信地にしたいするという「百聯集団」の目論見は成功しているようでした。

西安のレンタル衣装店。衣装が決まれば左側で化粧をして髪のセットをして99元、約2千円

2次元文化と共に若者を夢中にさせているのがショートムービーです。中国では最大ショート動画アプリ「抖音」(ドウイン)が「TikTok」として知られているほか、「哔哩哔哩」(ビリビリ)、「微博」(ウェイボー)、「小紅書」(シャオフォンシュウ)等が知られており、中でも「抖音」は6億人を超える中国人ユーザーが1日平均30分は見ているというほどの国民的動画プラットフォームです。そのコンテンツとなるショートムービーを制作するスタジオが上海郊外の嘉定区にあるというので見に行きました。様々な撮影のニーズに応えられるように病院や学校、上流家庭や一般家庭のリビングなど部屋ごとに本物そっくりに作り込まれたセットは見ているだけで時間が経つのを忘れそうでした。スタジオではライブコマースの撮影も行なわれていて、2人のインフルエンサーが掛け合いで次々と商品を紹介していました。傍らのモニターではリアルタイムで視聴者数、商品の購入者数、在庫数、視聴者のコメントなどが映し出されて、巨大市場を相手に商品を売り込むダイナミズムが感じられました。

私がたまたま目にしたのはライブコマースの現場でしたが、ストーリー性を持った2~3分のショートムービーではKOLと言われる人たちが活躍していました。初めて聞いたときは何のことかと思いましたが、キーオピニオンリーダーという、ネット販売などで商品に関する深い知識や専門性を武器にフォロワーに対する大きな信頼と影響力を有している人たちです。フォロワー数1000万人超えのKOLを束ねているという会社が浙江省杭州にあり、上海に子会社があるというので見学しました。壁には1000万人越えのKOLのプロフィールの写真が掲示されていたのですが、その中には犬の写真もあり、ソフトバンクのCMに出てくる白戸家のお父さん犬もかくやと思ったことでした。

西安で民族衣装を着て建物を背景にすると、至るところが映画のシーンのようだ

「大浪淘沙」。激しい時代の流れのもとでは何事も淘汰されて、試練にさらされます。かつては一世を風靡したテレビや新聞はネットにとって変わられ、華やかだったデパートも撤退を余儀なくされているように、時代が大きく変わろうとする時であればこそ、如何に自らも変わり、時代と共に進めるかが問われています。西安と上海で見た若者文化発信の現場に共通するのは、生き残りをかけた競争の中で、時代と共に生き、新しい価値を生み出すために格闘している現場でもあったように思われました。

瀬野《せの》　清水《きよみ》

元在重慶日本国総領事館　総領事

1949年長崎生まれ。75年外務省に入省後北京、上海、広州、重慶、香港などで勤務、2012年に退職するまで通算25年間中国に駐在した。元在重慶日本国総領事館総領事。現在、(一社) 日中協会理事長、アジア・ユーラシア総合研究所客員研究員、成渝日本経済文化交流協会顧問などを務めている。共著に『激動するアジアを往く』、『108人のそれでも私たちが中国に住む理由』などがある。

日中友好青年大使から見た中国

2024年大型連休の中国旅行

イマドキ・中国の変化を実感

文・写真／井上正順

連載 第13弾

貴陽で一番大きい観光ストリート
青雲市集の入り口

深夜1時、重慶の空港内に非常に多くの人が。聞くとここも重慶の写真スポットとのこと

きっと昔の中国で流行ったであろうお菓子たち

貴陽で一番大きい観光ストリート、青雲市集 23時を過ぎても非常に多くの人がいる

ゴールデンウィークを利用して、中国に8日間滞在した。今回の訪問先は重慶市、貴州省など西南エリアが中心で、帰国の際にトランジットで青島を訪ねた。去年の訪中は主に北京を中心とした華北エリア、また自由時間はあまりなかったので、今回は久しぶりに余裕を持って中国の今に触れる機会を得られたと感じている。中国のメーデー休暇と重なっていたからかもしれないが、重慶や貴州の両都市とも夜11時以降まで人が非常に多く、夜食を食べるお店に人が溢れている光景はコロナ前を彷彿させた。また、国内旅行のニーズが高まっているという流れそのものを感じるものだった。

では観光地を選ぶにあたり、どのように行き先を決めればよいだろうか。観光地を調べる手段は色々あるが、新型コロナウイルス流行以前の統計データによれば、日本ではやはり旅行会社の特集やHPなどが主流だったが、最近の統計では若者世代の中でTikTokやインスタグラムなどでクチコミ、写真、動画を見て目的地を決める傾向が強くなっていることが分かる。一方、中国では馬蜂窩や貧游などの旅行専門のAPPやWeChatなどのSNSを使って情報収集することがコロナ前からのトレンドだったが、現在ではRED（小紅書という中国のインスタグラムのようなAPP）一強のように感じる。特に驚いたのは、写真映えスポットに対するニーズである。観光地の至る所に、インスタグラムの投稿ページのようなフレームの写真パネルが置いてあったり、民族衣装の貸し出しはもちろんのこと、REDで流行している写真撮影スポットには、若者のカメラマンたちが三脚や照明、PCを持参して映えスポットを独占しており、その場で有料で写真撮影を行うなど、写真映えに対する意識と商売が連動していることを体感した。

また旅行といえばお土産だが、以前の中国であれば国家指導者や有名人のトランプやバッジなどがお土産売り場の定番だったと記憶している方も多いと思うが、中国では会社のキャラクターを作ったり、地域ごとの特産を活用したクリエイティブ商品（中国語で文創商品）が非常に多く、例えば中国の郵便局内でも多く

貴陽で見つけた70、80、90年代に流行った駄菓子などを専門に扱う店
中国各地の観光地にこのようなお店が増えているイメージがある

ネットで流行している？
青雲市集の名物トイレ饅頭

重慶でマッサージに行きたいと思って
SNSで調べて出てきた唐辛子足湯

一度で食べきれないから買うのを諦めていたあなたに朗報。小分けのひまわりの種が誕生

のユニークな作品があった。

他にもZ世代より1、2世代古い80～90年代を対象とした、昔流行した周杰倫《ジョージエルン》のCDや海外アーティストのレコードを販売するお店や、昔の駄菓子を販売するお店を多く見かけた。一つひとつの商品単価が高くない中で、このような観光地にお店を構えて利益は大丈夫なのだろうか。日本の状況を調べたところ、利益率は10～20％というが、上述した通り単価が高くないので商機はあるのだろうか。という疑問が残る。

中国文化・観光部の発表によると、中国の労働節（メーデー）期間中の5月1日から5日における国内旅行者数が前年同期比7・6％増の延べ2億9500万人、新型コロナウイルス前の2019年同期比では28・2％増に。国内観光収入額は約1669億元（約3兆5047億円、1元＝約21円）と、前年同期比12・7％増、2019年比で13・5％増えたとのこと。一方、アウトバンドに関しても多くの中国人向け旅行サイトでは日本旅行が人気で、日本行きの航空便は満席も多数あったとのニュースも耳にした。実際東京に戻ってきてから友人と会った際、今年に入って円安の影響もあり欧米からの観光客が目立っていたが、ゴールデンウィーク期間中は特に中国系の観光客が多かったと言っていた。観光立国を掲げる日本にとって中国人インバウンドへのアプローチは今後も大事になってくるが、一方で日本人を海外に、特に中国へ連れていくアウトバンドに対する施策をどのように展開していくのか。

また、中国語のニーズが向上している今だからこそ、中国向け留学の促進のために中国向け留学の促進ができないか。一方的ではなく相互間の人的往来促進ができる方法が無いか読者の皆さんと一緒に考えていければと思う。

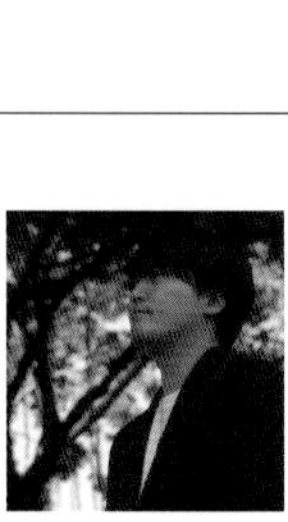

井上《いのうえ》 正順《まさゆき》

1992年生まれ。北京語言大学漢語国際教育専攻学士・修士号取得。留学中は北京語言大学日本人留学生会代表、日本希望工程国際交流協会顧問等を歴任。2019年に中国でスタートアップを経験。2020年9月に学友と日本で起業。東京都日中友好協会では副理事長、日中友好青年大使として様々な日中交流活動を企画・運営している。

時空を超えた能と京劇『楊貴妃伝』

京劇の世界を舞台にした映像美は、多くの人が絶賛しますが、京劇と能の公演もまた圧巻です。私はかつて、玄宗皇帝と楊貴妃を描く長編詩『長恨歌』（白楽天作）について公演解説文を書きました。今回は京劇と能の特徴や類似などをお話ししましょう。

文／加藤和郎

能も京劇も互いに様式美

唐の玄宗皇帝の寵愛を受けた楊貴妃（７１９～７５６）。彼女は政治的野心をもちませんでしたが、玄宗が彼女に夢中になり国政をおろそかにしたことで、政治が乱れたという歴史があります。美貌と色香で皇帝を惑わした中国絶世の美女楊貴妃と玄宗の悲恋が書かれた、白楽天の『長恨歌』は、千年を超えて広く親しまれています。

さて、私はかつて開催された能と京劇の公演の解説文を書きましたが、能も京劇も互いの伝統を重んじながら見事な舞台を完成させたことを思い出します。６００年以上前に、金春禅竹によって作られた名作の演目です。あの世の楊貴妃を玄宗の命を受けた方士（仙人）が訪ねていくもので、今は霊となった楊貴妃が恋慕の情を語りながら舞います。それを第二十一代櫻間家当主櫻間右陣氏が気高く清冽に演じました。京劇は同じ様式美ではあるものの、梅葆玖氏や王玉蘭氏などが色鮮やかな化粧で表情豊かなこと！　大ぶりな動きで艶やかな現生の楊貴妃を演じました。絶世の美女の波乱にとんだ生涯を、白楽天が格調高い言葉によって長恨歌で歌い上げいつくしみ、その儚さをおもいやったのです。

能と京劇の類似点

ここで、能と京劇の特徴と類似点を私なりに考察してみます。能は笛と3種類の打楽器による囃子方《はやしかた》と、物語の情景や状況を説明するコーラス群地謡《じうたい》が舞台を囲んで位置し、清楚で小振りな仮面と美しい装束をまとったシテ（主人公）とワキ（共演）が「歌うようなせりふ回し」と「優美な舞」で物語を展開します。これは世界最古の歌舞劇と言われており、誕生は英国の劇作家シェイクスピアの時代よりも3世紀早い14世紀半ばにさかのぼります。8世紀に中国大陸から伝来していた滑稽な物真似《ものまね》や軽業《かるわざ》を元にして、芸術的な演劇スタイルに大成したのは世阿弥《ぜあみ》でした。それらはすべて、「シンプルなステージから生まれる豊かなイメージ」であり、日本人の根源にある精神性を伝え続けています。

2002年に東京公会堂で行われた能と京劇による『楊貴妃伝』。楊貴妃役を能は櫻間右陣氏が演じ、京劇は梅葆玖氏が演じた。

2000年に青山劇場で行われた能と京劇による『楊貴妃伝』。楊貴妃役を能は櫻間右陣氏が演じ、京劇は王玉蘭氏。日本での京劇の普及に尽力され、人気役者の魯大鳴氏が玄宗皇帝や句を演じた。

連載 第10弾

天に在らば願わくは比翼の鳥にならん。
地に在らば願わくは連理の枝とならん。

一方、派手な色彩と派手な鳴り物によって演じられる京劇は、「幽玄なる日本の能」との類似点が多いのには驚かされます。京劇役者の魯大鳴（ルー・ダーミン）氏は、日本公演を前に「舞台と観客の関係は、カスタネットの二枚の板のようなものであり、役者と観客が一体となって、相乗効果を高めることだ」と言い切りました。舞台上には何もなく、あったとしてもテーブル一卓と椅子二脚ぐらいですが、そこに登場した役者が「歌や台詞（せりふ）で時間や場所を表現したとたんに、がらんどうの舞台は、あっという間に宮廷になったり、野外になったり、たった一卓のテーブルがベッドになったり、山になったり、豊かにイメージされます。能では、シテ役とワキ役はそれぞれ流派が違うために完全に分業化されていますが、京劇でも役者と役柄が固定されているため、一人の役者は一生変わらない役柄を演じ続けなければなりません。

歌舞伎の隈取りとよく似た化粧法の「瞼譜（リエンプー）」は、メイクに使う主色によってその人物の性格を表すので、観客は記号を読み解く能力を持たねばなりません。その上で舞台と観客側の「暗黙知」が成立し、戯曲が完成するのです。良き観客となるためには予習を欠かせません。

幸福な楊貴妃と心うつろな楊貴妃

話を元に戻しますが、通常、能の演出は、死んだ人間（シテ）が現生に現れますが、楊貴妃は現生の人間（ワキ）が死者の国へ行くという逆の構造です。死者の内情、内面を生者の方が引き出す斬新な手法を楊貴妃に取り入れ成功しました。京劇では、玄宗皇帝と楊貴妃が七夕の夜に愛を誓う現生の姿。能の楊貴妃は悲観の玄宗が心霊の棲家を訪ねさせるといった黄泉の姿。重層的な能と京劇の舞台は絶賛されました。幸福で華麗な楊貴妃と突然隔てられて心うつろな楊貴妃の姿は、これからも中国と日本の異なった伝統芸能の姿をとどめて語り続けられて欲しいものです。

加藤《かとう》　和郎《かずろう》

NHK 報道局でニュース取材・特別番組の制作、衛星放送局では開局準備と新番組開発に従事。モンゴル国カラコルム大学客員教授（名誉博士）。「ニュースワイド」「ゆく年くる年」などの総合演出。2003 年日中国交 30 周年記念（文化庁支援事業）「能楽と京劇」の一環で北京・世紀劇院での「葵上」公演をプロデュース。名古屋学芸大学造形メディア学部教授を経て、現在はミス日本協会理事、日本の寺子屋副理事長、能楽金春流シテ方桜間会顧問、i-media 主宰など。

絵／出典：細田栄之（1756―1829）作、「中国の美女楊貴妃」
The British Museum 所蔵、パブリック ドメイン

我がいとしの故郷―成都

中国万華鏡　第8回

若山美音子

ケイトウの花が暖かく迎えてくれる。中国は現代化が進み、
高層ビルがあちらこちらで建てられている。しかし、ちょっと
裏道に入ると思いがけない昔ながらの風景に出会う。

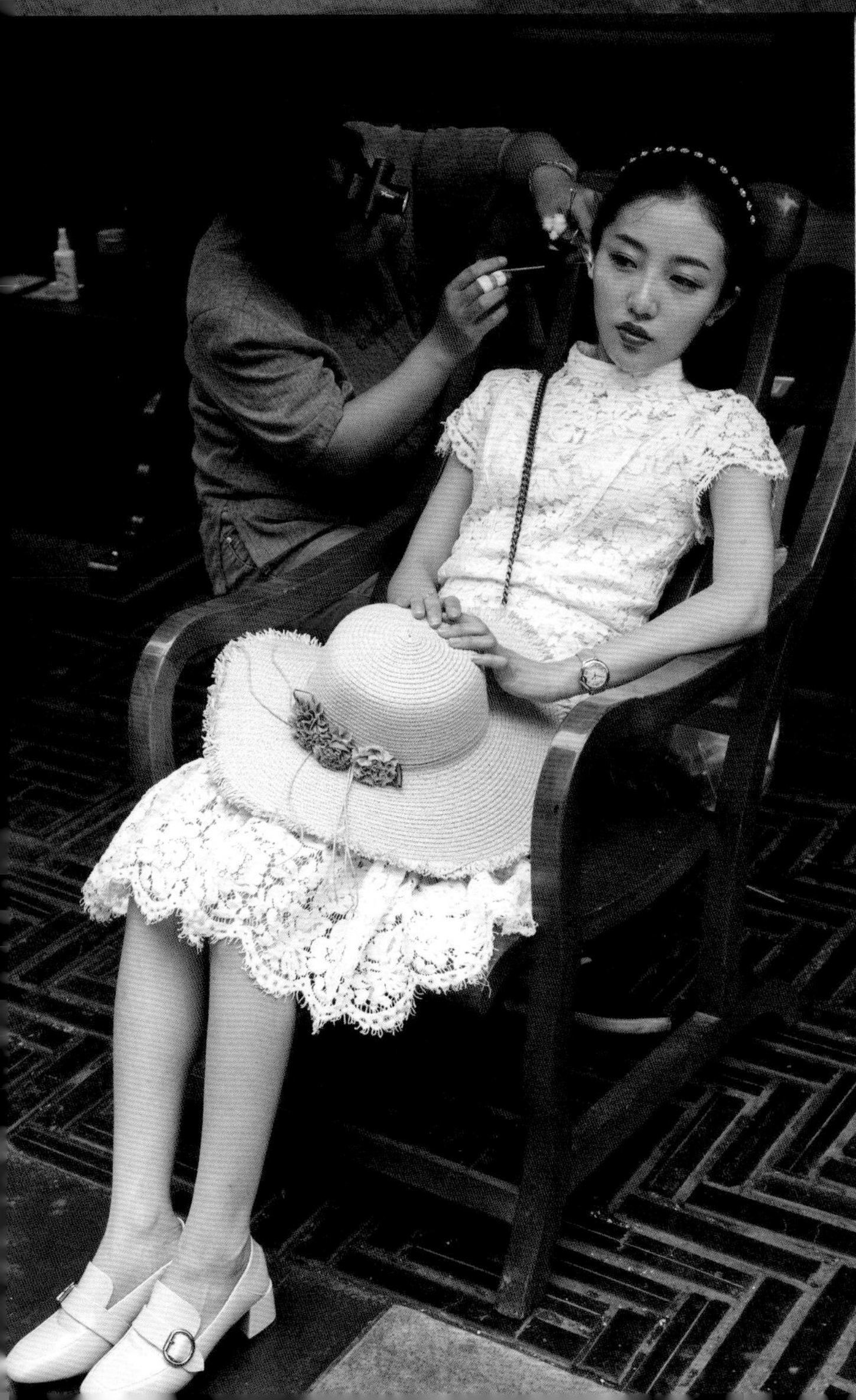

中国万華鏡　第8回

我がいとしの故郷―成都

時が経つのは早いものだ。日本に住んでもう30年以上、母国で暮らした時間よりも長い。この30年余りの歳月の間に私の心から故郷が消えることはなかった。

私は1988年に日本に留学するために来日し、その後東京に定住したが、両親を訪ねるために、何度も東京と成都を行き来してきた。成都に帰るたびに、町を歩き回り、記憶の彼方の故郷を探し続け、カメラに画像を収めてきた。

成都は中国西南地域の大都市で、重慶、上海、北京に次いで4番目に人口が多い。2019年に中国において「住みやすい都市ランキング」1位に選出されており、2021年には、新たに天府国際空港が開港され、二つの国際空港を有する都市として上海、北京と並び、三つ目の都市となった。しかしながら私は故郷の経済的発展にあまり関心がなく、子供の頃に見慣れたもの、食べ慣れたもの、聞き慣れたものが変わらず残っている場所を探し続けてきた。

○成都茶馆

茶館とはお茶を飲む場所で、喫茶店のようなものだ。中国宋の時代に、お茶を飲む習慣の普及とともに都市部に多くつくられ、庶民の交流・娯楽の場となったという。中国の茶館の起源は成都にあるといわれている。茶館の数が中国国内では最も多く、いたるところに茶館があり、昔ながらの「老茶館」も数多く存在している。成都人はお茶をしながら世間話や曲芸、将棋、トランプ、麻雀などを楽しみ、茶館で朝から晩まで過ごす。のんびりした暮らしを好む成都人にとっては、こうしたスローライフを余すところなく味わえる場所がまさに「茶館」なのだ。

○成都小吃（川菜）

担々麺や麻婆豆腐といった四川料理は日本で人気だが、成都小吃を知っている人は少ないだろう。

成都小吃とは、鐘水饺（水餃子）、龍抄手（ワンタン）、頼湯圓（甘団子）、韓包子（肉まん）のような元祖職人の姓が料理名の頭についている成都の伝統的一品料理のことだ。老舗ならではの技とこだわりが凝縮された「成都小吃」は「成都小吃甲天下」（成都の小吃は天下一）と言われるほどだ。私は時々故郷の味が恋しくなって、帰りたくなる。

○成都妹子

成都の有名な繁華街、春熙路《しゅんきろう》に出かけるときれいな女性によく出会う。成都に美人が多いのだ。その原因には諸説あるが、私は成都の気候との関連性が高いと思う。成都は盆地にあり、雲と霧が多く、雲の層が厚いために、「蜀犬吠日《しょっけんはいじつ》」※ということわざがあるほど太陽が出る日が少ない。紫外線の照射が少ないため、成都人の肌は白くてきれいなのだ。

故郷に対する思いは数えきれないほどある。今もこの文章を書きながら心は既に故郷に飛んでいっている。私は成都人だ。成都が我が故郷だ。

※「蜀犬吠日」：普段から曇りがちのところであり、そこの犬は、たまに太陽が出て日が射すのを見ると、怪しんで吠えたという。柳宗元「答韋中立論師道書」による。

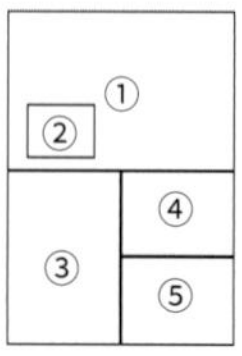

①老茶館のやかんは歳月の流れを物語っている。
②20年前の成都の繁華街「春熙路」。新聞売りの後ろに成都小吃"韓包子"の看板が見える
③成都独特の風俗"掏耳朵"（耳掃除）をしてもらう若い女の子
④猫がちゃんとネズミを捕まえていた
⑤昔は成都にこのような生活感溢れる「四合院」がたくさんあった

若山《わかやま》 美音子《みねこ》

中国四川省成都市生まれ。四川大学外国語学部日本語学科、早稲田大学政治経済学部経済学科卒業。写真家瀬戸正人に師事。キヤノンギャラリー、ニコンサロンなどで個展開催。写真集出版など精力的に創作活動を行なっている。日本写真協会会員。

和華

waka

A Japan-China culture magazine

日中文化交流誌

小誌『和華』は2013年10月に創刊された季刊誌です。『和華』の「和」は、「大和」の「和」で、「華」は、「中華」の「華」です。また、「和」は「平和」の「和」でもあり、「華」は、美しい「華」(はな)です。『和華』の名前は、日中間の「和」の「華」を咲かせるという意味が含まれています。その名の通りに、小誌『和華』はどちらにも偏らず、日中両国を比較することによって、両国の文化発信、相互理解と友好交流を目指します。

定期購読のご案内

年4冊（1月・4月・7月・10月発行）

年間購読：3400円（税込、送料無料）

※お申し込みいただいた号から一年となります。

和華　バックナンバー

第34号（2022.7）

第35号（2022.10）

第36号（2023.1）

第37号（2023.4）

第38号（2023.7）

第39号（2023.10）

第40号（2024.1）

第41号（2024.4）

第26号（2020.7）

第27号（2020.10）

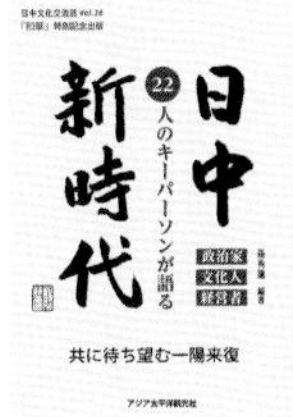

第28号（2021.1）

第29号（2021.4）

第30号（2021.7）

第31号（2021.10）

第32号（2022.1）

第33号（2022.4）

第18号（2018.7）

第19号（2018.10）

第20号（2019.1）

第21号（2019.4）

第22号（2019.7）

第23号（2019.10）

第24号（2020.1）

第25号（2020.4）

第10号（2016.4）

第11号（2016.7）

第12号（2016.10）

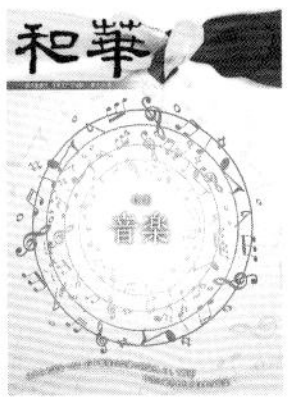

第13号（2017.1）

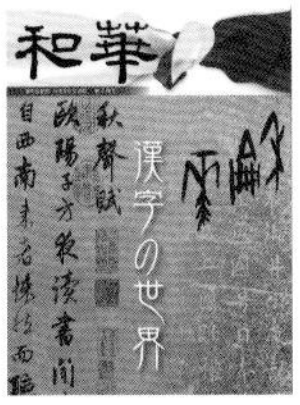

第14号（2017.4）

第15号（2017.10）

第16号（2018.1）

第17号（2018.4）

バックナンバーもご注文いただけます。定価：850円（税込）※送料別

書店、電話、メール、購読サイトで注文を承ります。
ご不明な点はお気軽に問い合わせください。

Tel:03-6228-5659　Fax:03-6228-5994

E-mail: info@visitasia.co.jp

※年間購読は送料無料、バックナンバーには送料がかかります。

https://www.fujisan.co.jp/

購読申込書とアンケートに必要項目をご記入後、切手を貼って、郵便ポストにご投函ください。
※ハガキの切手代はご負担でお願いいたします。

『和華』購読申込書

バックナンバー購読

『和華』第（　　　）号
の購読を申し込みます。

新規年間購読

『和華』第（　　　）号
から年間購読を申し込みます。

受取人名

送り先住所
〒　－

領収書宛名
（ご希望の場合）

お電話番号
－　－

メールアドレス

通信欄（ご連絡事項・ご感想などご自由にお書きください）

『和華』アンケート

第 42 号 特集「華流に沼落ち。」
※該当する項目にチェックをつけてください。

1. 本号の発売、記事内容を何で知りましたか？
□書店で見て　□ホームページを見て
□ Facebook で見て　□他の新聞、雑誌での紹介を見て
□知り合いから勧められて
□定期 / 非定期購読している
□その他

2. 本誌を購読する頻度は？
□定期購読　□たまたま購読　□今号初めて

3. 今月号をご購入するきっかけとなったのは？
□表紙を見て
□記事をみて（記事のタイトル：　　　）

4. 今月号で好きな記事を挙げてください。
□特集（　　　）
□特集以外（　　　）

5. 今月号でつまらなかった記事を挙げてください。
□特集（　　　）
□特集以外（　　　）

6. 今後どのような特集を読んでみたいですか？
（　　　）

7. 『和華』に書いてほしい、または好きな執筆者を挙げてください。
（　　　）

あなたのバックナンバー１冊抜けていませんか？

お問い合わせ：
株式会社アジア太平洋観光社
〒107-0052 東京都港区赤坂 6-19-46
TBK ビル 3F
TEL：03-6228-5659
FAX：03-6228-5994

郵便はがき

107-0052

ここに切手を貼って下さい

東京都港区赤坂 6-19-46
TBK ビル 3F
アジア太平洋観光社（内）
日中文化交流誌『和華』編集部
購読係　行

お名前（フリガナ）

年齢　　歳（男・女）　　ご職業

ご住所

電話番号　　－　　－

ご購読新聞名・雑誌名

郵便はがき

107-0052

ここに切手を貼って下さい

東京都港区赤坂 6-19-46
TBK ビル 3F
アジア太平洋観光社（内）
日中文化交流誌『和華』編集部
読者アンケート係　行

お名前（フリガナ）

年齢　　歳（男・女）　　ご職業

ご住所

電話番号　　－　　－

ご購読新聞名・雑誌名

和華 waka
第42号
特集 華流に沼落ち。

監　修　李 国紅
発行人　劉 莉生
和華顧問　高谷 治美
編集長　孫 秀蓮
編集デスク　重松 なほ
デザイナー　鄭 玄青
青 城
編　集　井上 正順
校　正　Woman Press
執　筆　瀬野 清水
加藤 和郎
若山 美音子
アシスタント　孟 瑩
陳 晶
題　字　李 燕生
（北京大学歴史文化資源研究所
金石書画研究室主任）

定価:850円（本体 773円）
『和華』第 42号
2024年 7月18日 初版第一刷発行
2024年 8月10日 第二刷発行

発行：株式会社アジア太平洋観光社
住所：〒107-0052
東京都港区赤坂6-19-46 TBKビル3F
Tel:03-6228-5659
Fax:03-6228-5994
E-mail: info@visitasia.co.jp

発売：株式会社星雲社（共同出版社・流通責任出版社）
住所：〒112-0005　東京都文京区水道 1-3-30
Tel:03-3868-3275

印刷：株式会社グラフィック

ISBN978-4-434-34140-3　C0039